后疫情时代

COVID-19 The Great Reset

→ 大重构 ←

[德]
克劳斯·施瓦布
（Klaus Schwab）
[法]
蒂埃里·马勒雷
（Thierry Malleret）

/著

中信出版集团 | 北京

图书在版编目（CIP）数据

后疫情时代：大重构 /（德）克劳斯·施瓦布，（法）蒂埃里·马勒雷著；世界经济论坛北京代表处译 -- 北京：中信出版社，2020.11

书名原文：COVID-19:The Great Reset

ISBN 978-7-5217-2313-7

Ⅰ．①后… Ⅱ．①克… ②蒂… ③世… Ⅲ．①日冕形病毒—病毒病—肺炎—影响—世界经济—研究 Ⅳ．①F11

中国版本图书馆 CIP 数据核字（2020）第 189481 号

后疫情时代——大重构

著　　者：[德] 克劳斯·施瓦布　[法] 蒂埃里·马勒雷

译　　者：世界经济论坛北京代表处

出版发行：中信出版集团股份有限公司

（北京市朝阳区惠新东街甲 4 号富盛大厦 2 座　邮编　100029）

承 印 者：河北鹏润印刷有限公司

开　　本：880mm × 1230mm　1/32　　印　张：8.5　　字　数：145 千字

版　　次：2020 年 11 月第 1 版　　印　次：2020 年 11 月第 1 次印刷

京权图字：01–2020–5686

书　　号：ISBN 978–7–5217–2313–7

定　　价：69.00 元

目录

中文出版序 V
引　言 IX

第一部分
宏观层面的大重构

第一章
概念框架
——当今世界的三大特征 003
_ 相互依存 003
_ 瞬息万变 007
_ 错综复杂 011

第二章
经济复苏 017
_ 新冠疫情下的经济 017
_ 经济增长和就业 025
_ 财政政策和货币政策 040

第三章
社会的重构 051
_ 不平等 054
_ 社会动荡 058
_ “大”政府的回归 063
_ 社会契约 069

第四章
地缘政治的重构 077
_ 全球化和国家主义 079
_ 全球治理 086
_ 中美对抗的加剧 091
_ 脆弱国家和失败国家 099

第五章
环境的重建 105
_ 新冠病毒和环境 108
_ 大流行病对气候变化和其他环境政策的影响 113

第六章
技术的重构 123
_ 加快数字化转型 124
_ 接触者追溯、接触者追踪和接触者监测 130
_ 反乌托邦的风险 137

第二部分 微观层面的大重构（行业和企业）

第七章
微观趋势 149
_ 不断加速的数字化 149
_ 具有韧性的供应链 153
_ 政府和企业 155
_ 利益相关者理念和ESG 158

第八章
行业重构 163
_ 社会互动和去致密化 163
_ 行为改变——长期性变革与暂时性改变 168
_ 韧性 175

第三部分 人性的重塑

第九章
重新定义人性 185
_ 人性本善？人性本恶？ 185
_ 道德选择 190

第十章
心理健康 197

第十一章
人生重要事项的变化 205
_ 创造性 207
_ 时间 209
_ 消费 210
_ 自然与健康 212

结论 217
致谢 225
注释 227

中文出版序

亲爱的中国读者：

当我撰写《后疫情时代：大重构》一书的中文版序言时，世界许多地区正在面临第二波新冠疫情。欧洲和美洲大部分地区的确诊病例数量创下新高，而疫苗距离投入使用尚需数月时间，一些国家已经恢复了 2020 年春季采取的封禁措施。

但在中国以及东亚和太平洋其他地区，情况则和上述趋势明显不同。在这些地区，疫情已基本得到控制，V 形经济复苏已经到来，社交生活已经基本恢复到疫情暴发前状态。在中国国庆长假期间，6 亿多中国人实现了安全的国内旅行。

中国的快速复苏表明，在战胜疫情威胁之后，我们完全可以实现“大重构”。当然，这种重构绝非是指回到过去。这些地区的经济和社交生活虽然已经回到正常轨道，但也发生了一些根本性的变化：社会和经济体系的韧性已经增强，为应对新冠疫情之类的挑战做好了更加充分的准备。

和世界其他地区一样，新冠疫情在暴发之初给东亚地区带来了冲击。这种病毒起初并不为人所知，其传播速度之快、造成的危害之大，超越了100年前西班牙大流感以来的任何一次疫情。因此，在疫情暴发之初，世界各国充满恐惧、恐慌和不确定性，也就不足为奇了。

然而，中国、新加坡、新西兰和韩国等国实现了全民一心、共同抗疫的局面，克服了新冠疫情带来的各项挑战。相比其他国家，这些国家的政府果断采取行动，广泛动员社会资源，开展强有力的社会合作并进行信息共享，因此能够以更可持续的方式，更加迅速、强劲地从疫情中复苏。

相关数字一目了然地说明了此次疫情带来的冲击和随后的复苏过程。中国是最初的疫情中心，但其经济与社会在2020年春季开始复苏，到秋季已经实现连续几个月没有国内感染病例。与此同时，尽管中国经济在2020年第一季度出现了大幅负增长，但到第三季度已经实现强力反弹。

中国正将抗击新冠疫情的经验教训纳入制度建设。和其他国家一样，中国认识到需要建立传染病快速响应机制；各级政府官员应该开展更加有效的防疫工作；要发动广泛的社区力量，快速、有效地实施疫情防控措施。

我相信，中国将会吸取这些经验教训，也将因此实现更加稳健的发展。与此同时，我也希望世界各国在此次疫情之后能更加深刻地认识到：我们是同住在一个星球上的人类命运共同体，我们拥有并且应当携手创造一个共同的美好未来。

正如我在本书末尾所述，在后疫情时代，我们有两条道路可以选择：一条道路通向光明的未来，社会经济更加包容、更可持续、更有韧性；另一条道路则带领我们走向更加动荡、危险和不宜居住的世界。

我们必须做出正确的选择。在此，我郑重邀请各位读者一起努力，共同塑造更加美好的世界。

克劳斯·施瓦布

2020 年 10 月于日内瓦

引　言

新型冠状（以下简称“新冠”）病毒大流行引发了现代史上空前的全球性危机。毫不夸张地说，全世界乃至我们每个人都因此陷入了几十年未曾有过的艰难境地。对我们而言，这一决定性时刻的影响将持续多年，许多事情都将永远改变。新冠疫情正在严重破坏经济，使社会、地缘政治等多个领域陷入危险与动荡，引发人们对环境问题的深刻关注，也让技术广泛进入我们的生活（这一影响是好是坏，我们现在还无从判断）。面对这些变革带来的影响，任何行业或企业都无法置身事外。数以百万计的企业处境岌岌可危，许多行业前途未卜，只有少数能够逆势发展。在个体层面，许多人习以为常的生活飞速瓦解。但换个角度来看，事关存亡的危局也是反省的良机，蕴藏着变革的潜力。世界的种种裂痕从未像今天这样一览无遗，社会分化、公平缺失、合作乏力、全球治理与领导失灵等问题尤为明显，人们感到社会再造刻不容缓。新的世界必将兴起，但其蓝图需要我们积极构建。

本书写作之时（2020 年 6 月），全球新冠疫情仍在持续恶化。许多人都想知道世界何时才能恢复如常。简单地说：永无可能。新冠病毒大流行标志着全球发展的根本性转折，危机之前“支离破碎”的世界常态将一去不复返。有些分析者将这场疫情称为一次重大的分叉，有些则认为这是一场“惊天的”深层危机，但两种说法的本质如出一辙：2020 年年初的世界已成为历史，已在这场疫情中消失无影。根本性变化正在逐渐显现，有些学者开始提出“新冠纪元前”（before coronavirus，BC）和“新冠纪元后”（after coronavirus，AC）这样的纪年方法。意料之外的快速变化将层出不穷，互相融合，引发第二波、第三波、第四波乃至更多后果，带来连锁反应及难以预料的影响，在逐渐打破以往状态的同时，塑造出截然不同的“新常态”。在这个过程中，我们关于世界可能呈现或应当呈现何种面貌的许多信念和假设将烟消云散。

但是，我们应当谨慎使用激进的宏论（如“一切都将改变”）和非此即彼的二元对立分析方法。现实当然会更加微妙复杂。新冠病毒大流行本身或许不会彻底改变这个世界，却能加速业已发生的许多变化，并引发其他变化。我们唯一能肯定的是：这些变化不会是线性的，间断将经常发生。《后疫情时代：大重构》尝试明确并阐述未来可能发生的变化，尽力描绘一个更理想、更可持续的世界样貌。

让我们首先从历史的角度考察这个问题：人类的历史大约有 20 万年，最古老的细菌已存在数十亿年，病毒也有至少 3 亿年历史。这就意味着，自从人类开始四处移动以来，大流行病很可能一直都存在，并成为人类历史不可分割的一部分。这是过去 2 000 年的常态，而不是例外。流行病天生具有破坏性，历来都会引发持久甚至彻底的变化。它会引燃社会动乱，造成群体冲突，导致军事失利，但也会激发创新、重划国界和铸就革命之路。疫病的暴发还会迫使帝国改弦更张，比如 541—542 年暴发的查士丁尼瘟疫就改变了拜占庭帝国的历史进程。有些帝国甚至因此灭亡，例如，在皇帝和大多数臣民死于欧洲细菌后，阿兹特克帝国和印加帝国随之消失。同样，旨在控制瘟疫的专制措施自古就是一种政策手段。由此可见，为了控制本次新冠病毒，全球许多国家实施封禁措施实在不足为奇，它们只是沿袭了几个世纪以来的惯例而已。1347—1351 年，黑死病笼罩欧洲，全欧约 1/3 的人口染病而死。为了控制瘟疫传播，这一时期出现了世界上最早的限制措施，也就是隔离。“隔离”一词的英文“quarantine”来自意大利语“quaranta”（意为“40”）。尽管当政府提出将人们隔离 40 天时，并不知道要阻止的究竟是什么，但作为早期“公共卫生服务制度化”措施之一，这种做法帮助确立了现代国家

“积累权力”的正当性。[1] 事实上，40 天隔离期并无医学依据，而仅出于象征和宗教意义：《圣经 · 旧约》和《圣经 · 新约》在与净化相关的篇章中常提到 40 这个数字，例如 40 天大斋期,《创世记》中的大洪水也是 40 天。

传染病的特点之一就是会引发恐惧、焦虑和大规模歇斯底里的情绪，并挑战社会凝聚力及人们共同管理危机的能力。传染病会造成社会撕裂与个人创伤。我们对抗的是看不见的敌人；家人、朋友和邻居都可能成为传染源；我们珍视的日常行为（例如在公共场合与朋友见面）可能成为传染途径；当局为保护民众而实施限制措施，却常因此被视作压迫者。纵观历史，我们不难发现一个反复出现的重要规律，那就是寻找替罪羊，将责任归咎于其他人。在中世纪的欧洲，瘟疫引发了耸人听闻的大屠杀，而犹太人几乎总是受害者。有事实为证：黑死病横行欧洲大陆两年后，人们指责犹太人污染了城市的水井，导致瘟疫传播，在 1349 年情人节那天的斯特拉斯堡，犹太人被要求改变信仰。约 1 000 名犹太人拒绝改宗，因而被活活烧死。同年，欧洲其他城市开始清除犹太人社区，迫使他们大规模迁徙到欧洲东部（波兰和俄罗斯），这永远地改变了欧洲大陆的人口分布。欧洲反犹运动的核心特征在历史上多次重现，如专制主义国家兴起、教会逐渐没落，以及受大流行病严重影响的其他事件。这些变化如此多样和广泛，甚至造成了“顺服时代的终结”，结束了封建主义和农奴制，迎来了启蒙运动的新时代。简言之，“黑死病可能是现代人类社会的开端，只是（这种说法）尚未得到广泛认同”。[2] 既然中世纪的一场瘟疫引发了如此深远的社会、政治和经济变革，那么新冠疫情是否会成为一个类似的转折点，对当今世界产生持久而剧烈的影响呢？新冠病毒不同于过去的流行病，不会威胁到人类的生存，不会产生不可预见的大饥荒、重大军事挫败或政权更迭，也不会造成某个群体的整体灭绝或者流离失所，但这并不表示我们就可以高枕无忧。实际上，在这次疫情暴发之前就已存在一些迟迟未能得到有效处理的风险，新冠疫情的来临严重加剧了这些风险。长期以来，若干令人不安的趋势日积月累，疫情也会加速推进这些趋势。

若要提出有效的对策，我们需要建立概念框架（或简单的思维导图），帮助我们思考可能发生的事情，并指引我们理解未来形势。当不得不艰难思索世界将发生哪些变化以及变化的程度如何时，我们往往需要以史为鉴，确定一个“思维锚点”作为参照。为此，我们带着如下问题寻找先例：新冠疫情是否类似于1918 年的西班牙流感（在连续三波疫情中，西班牙流感在全球造成估计 5 000 多万人死亡）？它是否会演变成 1929 年开始的大萧条？它与“9 · 11 恐怖袭击事件”造成的心理冲击是否有相似之处？它与 2003 年的“非典”和 2009 年的“禽流感”是否存在共同点（尽管规模不同）？它是否会像 2008 年金融危机那样，只是这次规模更大？无论人们接受与否，以上问题的答案都是：否！无论是从给人类带来的痛苦程度，还是从对经济造成的破坏程度来看，这些事件的影响范围和演变规律均不同于当前的大流行病。尤其在经济影响方面，任何现代危机都无法与此次疫情相提并论。面对来势凶猛的新冠疫情，许多国家元首和政府首脑都指出，我们已经处于战时状态，而对手是看不见的敌人，当然这是一种比喻："如果我们正在经历的这场疫情算作一场战争，那它并不是一场传统意义上的战争。毕竟，这场战争中的敌人是全人类共同的敌人。"[3]

即便如此，在评估未来趋势时，二战仍可能是最重要的思维锚点之一。本质上，二战是具有变革意义的世纪大战，它不仅彻底改变了全球秩序和经济格局，而且导致了社会观念和信仰的彻底变更，最终催生出全新的政策与社会契约条款（例如允许女性参与社会劳动，继而获得投票权）。当然，大流行病和战争之间存在本质区别（下文将详细探讨），但都具有促成变革的力量。因为两者都有可能演化成过去难以想象的危机，从而促成极为深远的变革。但我们也要警惕流于表面的类比。即使发生最糟糕的情况，新冠病毒致死人数也会远低于历次大瘟疫（包括黑死病）或二战中的死亡人数。不仅如此，当前的经济状况也和过去几个世纪完全不同，现代经济不再依赖手工劳动、农业或重工业。然而，在高度互联、相互依存的当今世界，新冠疫情的影响不会局限于死亡人数、失业率、破产数量等“简单”的数字层面，尽管这些数字已经颇为惊人。

《后疫情时代：大重构》编撰、出版于危机肆虐之际，而危机的影响将在未来数年逐渐展现。对此，我们不免会感到困惑、茫然。面对极端冲击，人们不安地意识到，未来的结果必将难以预料、不同寻常，这样的感受再正常不过。在1947年的小说《鼠疫》中，作者阿尔贝·加缪精确地描述了这种怪异感：“但是，某种意义上说，这些变化如此荒诞，来得如此仓促，以至很难认为它们会持续存在。”[4] 现在，我们亲身经历了以往难以想象之事，但在疫情结束后以及可预见的将来，还会发生些什么？

当然，现在要合理预测新冠疫情将会带来哪些重大变化还为时过早。本书希望提供概念严谨、连贯一致的内容，帮助读者全面洞察未来趋势，从多个层面理解即将发生的变化。我们认为，新冠疫情至少会加速此次危机前已明显发生的系统性变化：全球化局部倒退，中美持续脱钩，自动化加速发展，监控势力增强引发各方担忧，福利政策呼声高企，民族主义抬头以及由此引发的对外来移民的恐惧，科技的影响与日俱增，企业亟须加强线上业务，等等。除了加速上述变化，此次疫情还可能改变曾看似亘古不变之事，产生在大流行病发生前几乎不可想象的变化，如制定“直升机撒钱”式新型货币政策（已成现实）、重新考虑或调整社会优先目标、政策目标向公共利益倾斜、公平观念获得政策支持、采取激进的福利和税收措施，以及地缘政治剧烈调整等。

总而言之，即将发生的变化难以预想，即将产生的新秩序也有无限可能。无论是好是坏，只有我们想不到的。各国社会可能都要做出选择：是要更平等还是更专制，更团结还是更孤立，更关注少数群体还是更重视多数人的利益；从危机中恢复后，各个经济体是要包容并蓄、积极适应全球公域需求，还是重走老路、一切照旧。答案不言自明：我们应该利用此次前所未有的机会，重新构筑我们的世界，努力让世界度过危机，变得更美好、更有韧性。

当然，全面、深入探讨书中所有议题绝非易事，甚至可能不切实际。本书涉及的主题包罗万象，且都充满了不确定性，即便用 5 倍的篇幅也难以尽述。但我们希望通过相对简洁的表述，帮助读者理解多个领域的未来形势。为尽量避免干扰行文，本书将参考信息附于末尾。因本书出版时疫情正在蔓延，且预计还会暴发后续感染，本书将持续修订更新，以反映主题内容的变化。本书的后续版本将纳入新发现、新研究、政策修订以及读者的持续反馈。

本书结合了浅显的学术写作和论文形式，兼有理论与实例，以解释说明为主，对疫病大流行之后的世界提出许多猜想和观点。针对转向新常态的世界状况，本书没有进行笼统的概括，也没有提出相关的建议，但是我们相信读者会发现其中的价值。

本书主要包括三个部分，力求全方位阐述未来世界可能形成的格局：第一部分评估了这场大流行病对以下五大宏观领域的影响，即经济、社会、地缘政治、环境和科技；第二部分进入微观层面，考察疫情对具体行业和企业造成的影响；第三部分则推测疫情对个人造成的影响。

第一部分

宏观层面的大重构

COVID-19
The Great Reset

本部分提供了一个全面的分析框架，从五个宏观领域展开，帮助读者了解当今世界的主要问题以及发展趋势。为便于阅读，我们将按主题逐一探讨。现实中，这五大主题相互依存，这也正是我们讨论的基础：虽然我们的大脑以线性方式思考，但周围的世界以非线性方式运转，表现出复杂性、适应性、快节奏和模糊性。

第一章

概念框架——当今世界的三大特征

相互依存、瞬息万变和错综复杂成为塑造当今世界的三大主流特征，宏观层面大重构的进程也将在这一背景下开启。无论你是谁，无论你身处何地，或多或少都会受到这些特征的影响。

_ 相互依存

如果只用一个词概括 21 世纪的本质，无疑就是“相互依存”。“相互依存”是全球化和技术进步的结果，究其本质，可将其定义为系统要素之间彼此依存的态势。过去几十年里，全球化和技术发展突飞猛进，一些权威人士宣称：当今世界已经处于“超级互联”状态（相互依存状态的极端变体）！在现实中，这意味着什么？简单而言就是，世界已经“连接在一起”。在 21

世纪伊始，新加坡学者、前外交官马凯硕以“船”作为比喻描述了现实格局：“地球上的 70 亿居民不再生活在 100 多艘互不关联的船（即国家）上。相反，他们生活在同一艘船上的 193 个独立客舱之中。”他认为，这是有史以来最巨大的变革之一。在 2020 年新冠大流行的背景下，他进一步描绘了这一意象：“如果 75 亿人被困于一艘被病毒感染的邮轮上，那么无视可能成为病毒传播通道的走廊和通风井，只清洁和擦洗自己的客舱是否有意义？答案显然是否定的。然而，我们却一直在这么做……既然同在一艘船上，我们就必须同舟共济，共渡难关。”[5]

相互依存的世界具有深层的系统互联性，所有风险都通过相互作用的复杂网络相互影响。在这种情况下，认为经济风险仅限于经济领域或主张环境风险不会影响其他领域的风险（如经济风险和地缘政治风险等）的观点已经站不住脚。我们不难想到，经济风险会演变成政治风险（例如失业率急剧上升导致社会动荡），科技风险会演变为社会风险（例如用手机追踪新冠疫情，引发民众强烈反对）。如果孤立来看经济风险、地缘政治风险、社会风险与环境风险，会形成每类风险都可控或可缓解的假象。然而，一旦置于现实生活中，系统互联性就会表明这是一种人为的建构。在相互依存的环境中，风险之间会相互强化，产生连锁反应。因此，在相互依存、相互关联的世界里，试图控制单一风险的做法行不通。

摘自世界经济论坛《2020年全球风险报告》的一幅图[6]，有助于阐明上述论点。图中显示了人类面临的共同风险之间存在关联，每项风险总会与同一宏观领域下的其他风险相结合，也可能与其他宏观领域下的风险相结合（图中蓝色代表经济风险，橙色代表地缘政治风险，红色代表社会风险，绿色代表环境风险，紫色代表科技风险）。如此一来，每项风险都可能引发其他风险，从而造成连锁反应。如图中所示，“传染病”风险必然会对“全球治理失灵”“社会动荡”“失业”“财政危机”“非自愿移民”等风险产生直接影响。其中的每项风险又会影响其他个别风险，这便意味着引发连锁效应的风险（此例中为“传染病”）最终不仅会放大同一宏观领域（此例中为社会风险）的诸多风险，而且会扩大其他4个宏观领域的风险。这就是系统互联性的传导现象。下文各章节将从经济、社会、地缘政治、环境和科技角度探讨疫情风险可能带来的后果。

相互依存具有重要的概念意义，它证实了“孤岛思维”的无效。归根结底，要素聚合与系统互联才是关键，因此孤立地解决问题、评估问题或风险都是徒劳之举。在过去，这种“孤岛思维”在一定程度上解释了许多经济学者和政治学者未能预见（2008年）次贷危机和（2011年）“阿拉伯之春”运动的原因。在当前疫情之下，同样的问题再度出现。流行病学家、公共卫生专家、经济学家、社会科学家以及其他所有帮助决策者洞悉形势

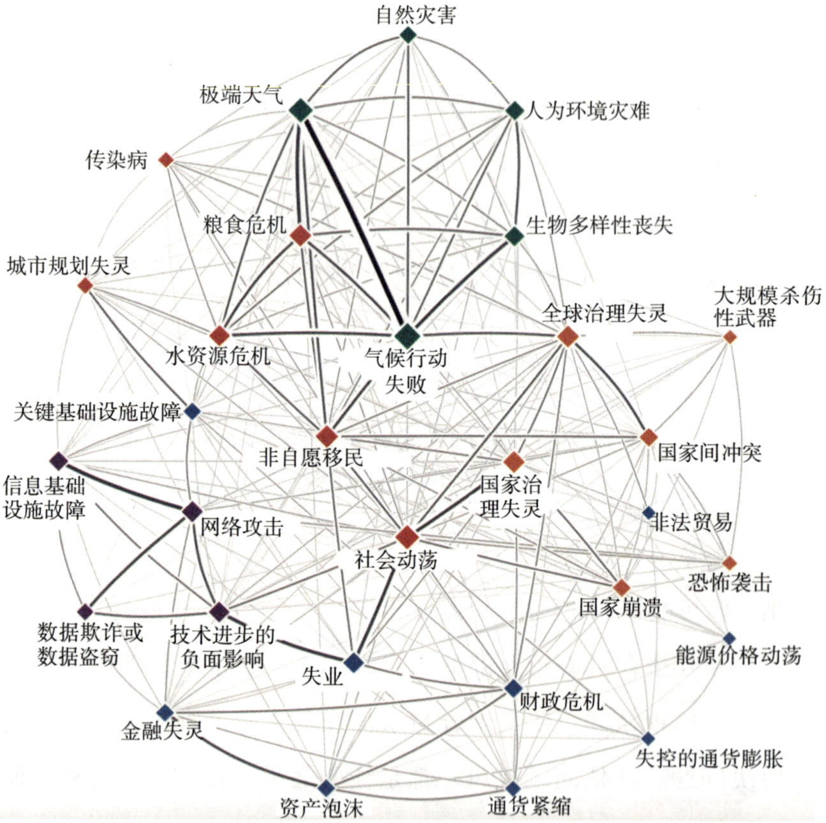

来源：World Economic Forum, *The Global Risks Report 2020,* Figure IV: The Global Risks Interconnections Map 2020, World Economic Forum Global Risks Perception Survey 2019-2020.

的科学家和专家都发现，自己难以（有时甚至不可能）逾越自身学科的界限。这就是权衡复杂问题（比如控制疫情蔓延与重新开放经济）的挑战所在。这不难理解，因为大多数专家专注研究细分领域，缺乏必要的广阔视野，无法连点成线，提供决策者急需的整体图景。

_ 瞬息万变

上文中已明确指出，技术进步和全球化是世界的相互依存度不断加深的“罪魁祸首”。此外，这两大因素还创造了一种即时文化。毫不夸张地说，在当今世界，一切都变得更快速了。如果要用一件事物来解释这种惊人的速度增长，无疑就是互联网。如今，全世界网民数量已超过半数人口（占比为 52%），而 20 年前这一比例还不到 8%。2019 年，全球售出超过 15 亿部智能手机。智能手机作为速度的象征和载体，让我们能随时随地与外界联系。物联网（IoT）现在实时连通 220 亿台设备，涵盖汽车、医院病床、电网、水站水泵、厨房烤箱和农业灌溉系统等。到 2030 年，联网设备数量预计达到 500 亿台以上。关于“瞬息万变”的其他解释则指向“稀缺性”因素：随着社会财富的增加，时间变得越来越宝贵，也被认为越来越稀缺。这或许可以解释为何有研究显示，富裕城市的人走路步伐总是比贫穷城市的人更快——因为他们没有时间可浪费！无论原因为何，结果都十分明确：无论是消费者还是生产者，配偶还是父母，领导者还是追随者，都在经历快速变化，变化虽然间或断续，却从不曾停止。

瞬息万变表现在很多方面，无论是危机、社会不满、科技发展与应用、地缘政治动荡、金融市场，还是传染病的传播，一切都在快速向前。我们生活在即时社会中，生活节奏不断加快，这让人感觉烦躁不安。从“准时制”供应链到“高频交易”，从闪电约会到快餐，新的即时文化痴迷于追求速度，全面渗透我们的生活，影响无处不在，以致一些专家将这种现象称为“紧急命令”（dictatorship of urgency）。这种现象确实会产生极端情形。例如，微软科学家的研究表明，仅仅慢 250 毫秒（即 1/4 秒）就足以让一个网站的点击率输给“速度更快”的竞争对手！当所有因素综合发生作用，那么政策、产品或概念的有效期，以及决策者的权力周期或项目的生命周期，都会急剧缩短并且往往难以预知。

新冠病毒在 2020 年 3 月的快速蔓延生动地说明了这种现象。在不到一个月的时间里，病毒以惊人的速度席卷全球大部分地区，引发的震荡似乎催生出一个全新时代。这场疫情在全球范围内的感染者数量呈现指数级增长，令许多决策者和大部分民众措手不及，因为我们通常很难在认知上理解指数级增长的意义。不妨借“翻番天数”的概念来思考：如果一种大流行病的感染者数量每天以30%的速度增长（2020年3月中旬一些疫情最严重的国家就属于这种情况），确诊病例（或死亡人数）将在两天多一点儿的时间内翻番；如果每天以20%的速度增长，需要4~5天的时间可以翻番；如果每天以10%的速度增长，则需要一个多星期才能翻番。换个说法，在全球范围内，新冠病毒感染病例达到10万需3个月，从10万翻番到20万需12天，从20万增至30万需4天，而从30万达到40万只需2天，从40万到50万也只需2天。这些数字让人头晕目眩，因为形势在急速运转！指数级增长让我们的认知功能疲于应付，因此我们常常会患上指数"近视"[7]，认为那不过是"非常快"而已。在1975年进行的一项著名实验中，两位心理学家发现，当我们预测一个指数级变化过程时，估计的结果往往只有实际结果的1/10。[8] 理解了这种增长态势和指数的力量，我们就能理解速度问题为何重要，以及为遏制感染范围扩大而实施干预措施的速度何以如此重要。欧内斯特·海明威深谙于此，在他的小说《太阳照常升起》中，两个人物有如下对话。"你是怎么破产的？"比尔问。"两个阶段，"迈克说，"先是每况愈下，然后一泻千里。"重大系统性转变和颠覆往往也是如此：事情通常先是缓慢渐变，然后在某个时间发生突变。宏观层面的大重构可能也会遵循这一规律。

速度不仅有极端的形式，还可能产生反常影响。"缺乏耐心"便是其中之一，其影响可见于金融市场参与者的行为（最新研究表明，基于速度的动量交易会导致股票价格持续偏离基本价值或“正确”价格）以及选民在选举期间的行为。后者在后疫情时代具有重要意义。政府做出决策并将其落实必须花费一定的时间，因为这些决策要考虑许多不同的选民群体及其相互冲突的利益诉求，平衡国内外关切并获得立法批准，然后通过行政机制来执行。相比之下，选民期望政策和改进措施能够立竿见影，如果政策成效不够快，几乎会立刻引发失望情绪。两个群体（即决策者和公众）所处的时间范畴存在明显差异，这会造成双方的不同步。这一问题在疫情期间将更为严重，难以掌控。迅猛而来的冲击让公众痛苦不堪，而政策往往难以即刻做出反应。

面对突发的疫情，许多观察人士错误地将之等同于季节性流感。这种概念上的混淆在疫情暴发之初的几个月反复上演，可以说误导了相应的防控措施。我们以美国为例来分析这一问题，深入了解速度对疫情的影响。据美国疾病控制与预防中心（CDC）的数据，在 2019 年与 2020 年之交的冬季，有 3 900 万 ~5 600 万美国人感染流感，死亡人数在 2.4 万 ~6.2 万。[9] 而据约翰斯·霍普金斯大学的数据，截至 2020 年 6 月 24 日，新冠病毒确诊人数超过 230 万，死亡人数约 12.1 万。[10] 但这种无意义的比较应当停止，原因如下：第一，流感数据对应的是流感总负担的估计值，而新冠病毒数据对应的是确诊病例；第二，季节性流感的传播就像持续数月（至多六个月）的“温和”海浪，分布较为均匀，而新冠病毒则如海啸一般，突袭热点地区（集中在少数几个城市和地区），占用大量医疗资源，令医疗体系不堪重负，并损害了非新冠病毒感染者的权益。其中第二个原因，即新冠病毒暴发的速度和群聚感染的突发性，使得其与流感的比较毫无意义。

上述两个原因中，速度是根源所在：疫情发展的速度之快，让绝大多数国家面临检测能力不足的问题，继而使许多国家的卫生系统超负荷运转。这些卫生系统能够应对可预测、反复出现、传播相对缓慢的季节性流感，但招架不住以“超高速”传播的大流行病。

速度还会导致另一个影响深远的重大后果，那就是尽管决策者掌握的信息更多，但用于决策的时间更少。对政治和商业领袖而言，一方面必须从战略角度考虑问题，另一方面还要面对即时决策的日常压力，两者之间的冲突越发频繁，在疫情期间尤为明显。此外，错综复杂的形势又加剧了这一冲突，我们将在下节继续探讨。

错综复杂

简单而言，复杂性可定义为我们不理解或难以理解的东西。至于复杂系统，心理学家赫伯特·西蒙给出的定义是：“以非简单方式相互作用的大量要素组成的系统。”[11] 复杂系统的特点通常是：

组成系统的要素间缺乏明显的因果联系，使之几乎无法预测。在内心深处，我们会意识到系统越是复杂，就越可能出错，也越可能发生意外或异常并向外散播。

复杂性大致可用三个因素衡量："第一，系统中的信息量或成分的数量；第二，信息或成分间的关联性，即互动响应的动态变化；第三，非线性影响（非线性要素通常被称为'临界点'）。非线性是复杂性的关键特征之一，它意味着系统中只要有一个成分发生变化，就会对其余部分造成令人惊讶的严重影响。"[12] 基于这个原因，大流行病的研究模型往往会产生多种不同的结果：哪怕针对模型中一个成分的假设存在差异，都会对最终结果造成显著影响。人们听到的"黑天鹅事件""已知的未知""蝴蝶效应"，便是非线性在发生作用。因此，我们将复杂性与"惊讶""动荡""不确定性"联系在一起也就不足为奇。试问，在 2008 年有多少"专家"预料到源自美国的住房抵押贷款证券会使全世界的银行陷入瘫痪，并最终导致全球金融体系濒临崩溃？在 2020 年最初几周，又有多少决策者能预见到一场大流行病会严重冲击全球若干最完善的卫生系统，并使全球经济遭受如此重大的损失？

作为复杂的自适应系统，大流行病包含许多不同成分或信息片段（如生物学或心理学），系统行为受到企业、经济政策、政府干预、医疗政治或国家治理等变量的影响，因此也应当被视为能适应情况变化的"动态网络"。其不同成分相互作用，形成兼具复杂性和适应性的系统，而非一成不变的静态构成。其复杂性表现为：该系统有如相互依存、相互关联的“翻花绳游戏”。其适应性表现为：“行为”由节点（如组织、人类——我们！）之间的相互作用驱使，遇到压力会陷入混乱或“难以管控”。（例如，我们会适应隔离的常态吗？大多数人能遵守规定吗？）管理复杂的自适应系统（在新冠病毒案例中对应着疫情防控），需要在学科之间及学科内不同领域间持续开展大量实时、不间断的协作。此处仅举一个简化的例子：遏制新冠病毒蔓延需要全球监测网络（新疫情一旦暴发就能立即被识别）、全球多地实验室（迅速分析新毒株并制定有效的治疗方法）、大规模信息技术基础设施（帮助社区进行有效准备和应对）和科学协调的政策机制（高效执行相关决策）等。重要的是，在应对大流行病时，每一项单独措施都很必要，但若不与其他做法相结合，效果将差强人意。可见这一复杂自适应系统的整体远大于各部分之和。系统的有效性取决于整体的运作情况，而系统的能力则受制于其中的短板。

新冠疫情表现出复杂自适应系统的所有特征，因此被许多专家错判为黑天鹅事件。但实际上，这是一起白天鹅事件。纳西姆·塔勒布在 2007 年出版的《黑天鹅》一书中对“白天鹅事件”有过明确定义：确定性极高且最终会发生的事。[13] 确实如此！多年来，世界卫生组织、世界经济论坛、流行病防范创新联盟（成立于 2017 年达沃斯年会）等国际组织和机构以及比尔·盖茨等个人，一直警示人们暴发大流行病的风险，甚至明确指出：第一，它将出现在人口高度密集的地方，这些地方因经济发展，人类与野生动物共同生活；第二，它将借助人类的出行和贸易网络，悄然快速传播；第三，它将突破防范措施限制，扩散至多个国家。后文中将提到，正确描述并理解大流行病的特征至关重要，因为这就是造成各国应对差异的根源。许多亚洲国家之所以能迅速应对，缓解疫情影响，正是因为它们在后勤和组织上做好了准备（借鉴了防控“非典”的经验）。相比之下，许多西方国家没有做好准备，在疫情冲击下损失惨重——黑天鹅事件的错误观念在这些国家传播最广，这绝非巧合。然而，我们可以断言，这场大流行病（发生概率大、后果严重的白天鹅事件）将陆续通过二阶、三阶、四阶甚至更多阶效应，触发许多黑天鹅事件。当失业率飙升、企业破产、一些国家濒临崩溃引发多阶效应并带来一连串后果时，我们很难预见这一反应链条末端最终会发生什么。这些后果本身并非不可预测，却有可能与其他风险叠加，导致祸不单行，让我们措手不及。综上所述，大流行病本身并不是黑天鹅事件，但其带来的某些后果有可能招致此类事件。

本节的基本观点是：复杂性限制了我们对事物的认知和理解；随着复杂性日益增加，政治家及广大决策者做出明智决策的能力确实可能受到影响。亚美尼亚总统阿尔缅·萨尔基相出身理论物理学家，在提出“量子政治”这一说法时表达了上述观点。

他阐述了后牛顿物理学的古典世界如何让位于量子世界，前者以线性、可预测，甚至某种程度的确定性为特征，后者具有高度互联性、不确定性和复杂性，并根据观察者所处位置而改变。这种说法让人想起量子物理学对万物运作方式的解释，被认为是“我们对构成物质的粒子的本质及粒子间相互作用力量的最准确描述”。[14] 新冠疫情的暴发使得量子世界的特点暴露无遗。

第二章

经济复苏

_ 新冠疫情下的经济

当今时代的经济与前几个世纪截然不同，不仅更错综复杂，互联性也远胜以往。世界人口呈指数级增长；乘坐飞机数小时即可抵达几乎任何地方，每年跨境出行超过 10 亿人次；人类侵入自然以及野生生物的栖息地；无序扩张的巨型城市无处不在，数以百万计的人口拥挤聚居（通常缺乏足够的卫生设施和医疗服务）。即使与几十年前相比，当前经济的变化也可谓翻天覆地，更不必说与几个世纪前相比。尽管如此，我们依然可以从以往大流行病中借鉴一些经济层面的教训，以把握未来形势。如今，我们面临着 1945 年以来最严重的全球经济大灾难，衰退速度之快在人类历史上前所未有。虽然这场灾难无法与以往的重大灾害和经济上的绝对困境相提并论，但有一些显著特征惊人地相似。1665年，伦敦暴发鼠疫，在仅仅18个月内就使人口减少了1/4。对此，丹尼尔·笛福在1722年出版的《瘟疫年纪事》[15]中写道："百业俱废，用工停止，劳作断绝，穷人彻底失去了生计。起初，穷人的呼天喊地让人痛心不已……成千上万的穷人留在了伦敦，最终又满心绝望地离开；无数人死在路上，又传递出新的死亡讯息。"笛福的书中有许多情节与今日情势遥相呼应。例如，他讲述了富人如何逃到乡村，"随身把死亡带去乡村"，阐述了为何穷人更容易受疫情的影响，也描述了"江湖骗子和江湖郎中"如何兜售假药。[16]

以往的流行病已反复证明，大流行病的传播可以借助贸易路线，并能利用公共卫生与经济发展之间的利益冲突（我们将在后面探讨这种经济"失常"问题）。如历史学家西蒙·沙玛所言：

> 在灾难中，经济总是处于公共卫生的对立面。在人们对细菌传播疾病有所了解之前，瘟疫的起因大多被归咎于"污浊的空气"，以及据称是从死水或受污染的沼泽地中散发出的有害气体。尽管如此，人们还是觉得曾孕育繁荣的商业干道成了有毒物质的载体。但当提出或强制实施隔离时……那些因市场、集市和贸易停止而遭受最严重损失的人，即商人及部分地方的手工业者和工人，都发起强烈的抵制。经济是

否必须先衰退见底，才能以健康的状态强劲复苏？是的，公共卫生的捍卫者如是回答，他们从 15 世纪开始就是欧洲城市生活的参与者。[17]

历史表明，大流行病往往成为国家经济和社会结构复兴的重大机遇。新冠疫情或许也不例外。有一篇开创性论文研究了历史上主要流行病带来的长期经济后果，其研究结果表明：疫情对宏观经济的重大影响可能持续 40 年之久，从而大幅降低实际经济效益。[18] 这与战争的后果正好相反：战争会消灭资本，而大流行病不会——战争会促使实际利率升高，引发更多经济活动，而大流行病会使实际利率降低，使经济活动陷入低迷。此外，消费者往往会通过增加储蓄来应对冲击，无论是为了防范新危机，还是为了弥补在疫情期间损失的财富。劳动力方面，由于疫情过后实际工资水平往往会上升，最终劳动者的收益将增加，资本将付出一定的代价。早在 1347—1351 年黑死病席卷欧洲之时，工人第一次发现自己掌握了变革的力量。疫情平息不到一年时，法国北部小城圣奥梅尔的纺织工人就多次要求加薪并屡获成功。两年后，许多工人行会商议缩短工时并提高工资，有些地方的工资水平甚至比瘟疫暴发前高出 1/3。其他与之类似但没这么极端的大流行病案例指向一个共同的结论：劳工获得了权力，资本利益却受到损害。随着全球（非洲和印度例外）人口的老龄化，这种现象可能会加剧，但也可能随着自动化技术的发展而彻底改变，我们将在第六章再次讨论这一问题。与以往大流行病不同的是，我们还远远无法确定新冠病毒危机会使劳资关系有利于劳方。如果只考虑政治和社会原因，这种可能性是存在的，但技术的加入增添了变数。

不确定性

新冠病毒具有高度的、持续的不确定性，因而精确评估相应风险异常困难。与任何引发恐惧的新风险一样，新冠疫情造成大量影响经济行为的社会焦虑。2020 年 4 月，中国科学家金奇表示，新冠病毒很可能和“非典”不一样，它有可能会与人类长期共存，成为季节性的流行病。[19] 全球科学界已普遍认同这种说法。

自大流行病暴发以来，我们每天都受到无休止的数据轰炸。但截至 2020 年 6 月，即疫情暴发约半年之后，我们掌握的有关该病毒的知识仍十分欠缺，仍未能真正了解新冠病毒的危险性。尽管已有大量有关冠状病毒的论文陆续发表，但其感染致死率（即导致死亡的新冠病毒病例，无论是否接受检测）仍有争议（可能为 0.4%~0.5%，也可能达 1%）。关于未检测人数与确诊病例的比例、无症状感染者的传染率、季节效应、潜伏期的长短、全国感染率，我们的认识都有所增加，但在很大程度上，这些问题和许多其他因素仍是“已知中的未知”。由于不确定性如此普遍，决策者和政府官员很难制定正确的公共卫生政策和相应的经济策略。

这一点毫不奇怪。加州大学洛杉矶分校流行病学教授安妮·里莫恩坦言："这是一种新型病毒，人类从未见过，没有人知道会发生什么。"[20] 这种形势下，我们需要保持足够的谦卑，正如国际知名病毒学家彼得·皮奥特所言："我们对新冠病毒了解得越多，就会看到越多问题。"[21] 新冠病毒善于伪装成多种症状，干扰医学专家的判断。它首先是一种呼吸道疾病，但也有患者出现心脏炎症、消化系统问题、肾脏感染、血栓和脑膜炎等症状，这些人虽所占比例不高，但数量仍颇为惊人。此外，许多康复者还会留下慢性肾病和心脏疾病等后遗症，神经系统也受到长久影响。

面对不确定性，我们需考虑各种情境，以更好地了解未来可能出现的状况。众所周知，在不可预见事件和随机事件的影响下，这场大流行病可能造成多种多样的潜在后果。但有三种情境最有可能发生，其中每一种情境都有助于我们洞悉未来两年的形势。

这三种情境[22] 都基于一个核心假设，即这场大流行病的影响可能持续到 2022 年，因此有助于我们思考未来趋势。第一种情境是：始于 2020 年 3 月的第一波疫情高峰过后，2020 年年中将迎来一系列小高峰并持续 1～2 年的时间，到 2021 年逐渐消退，类似"波峰与波谷"。波峰和波谷的频率和振幅因地而异，取决于当局实施的防控措施。第二种情境是：在第一波疫情高峰过后，2020 年第三季度或第四季度会迎来更强烈的第二波，并在 2021 年出现一个或几个较小波峰（类似 1918—1919 年的西班牙大流感）。若出现这一情况，当局需在 2020 年第四季度前后重新实施防控措施，遏制疫情蔓延，防止医疗系统超负荷运转。第三种情境在过去的大流行病中没有出现过，但有可能在新冠疫情下产生：在 2020 年的第一波疫情高峰过后出现"缓和迹象"，即病毒传播和感染病例持续存在，但只有较小起伏，没有明显的波动。与其他情境一样，这种模式存在地域差异，并在一定程度上取决于具体国家或地区早期防控措施的性质。这种情境下，感染和死亡病例仍继续存在，但不需要重新制定防控措施。

许多科学家似乎都同意这三种情境框架。笔者也认为，无论大流行病的走向符合哪一种情境，政策制定者都必须做好准备，应对"至少还将持续 18～24 个月的新冠疫情重大影响，疫情热点在不同地域仍会周期性地出现"。我们在下文中将论述，在病毒被击败或消失之前，全面的经济复苏不可能实现。

经济谬论：牺牲生命保增长

在病毒肆虐期间，人们围绕"拯救生命还是挽救经济"（要生命还是要生计）争论不休。这是一个错误的取舍命题。从经济角度，很容易破除公共卫生与GDP（国内生产总值）增长只能二选一的误区。姑且不论牺牲一些人的生命来挽救经济是否属于社会达尔文主义（这并非无关紧要），放弃生命并不会改善经济状况。原因有如下两点。

第一，供给方面。过早放宽限制和社交隔离要求将导致感染加快（几乎所有科学家都一致认为这是必然结果），会有更多员工和工人受到感染，更多企业停工。2020年大流行病暴发后，这一观点屡次得到证明。从因染病员工过多而被迫停止运营的工厂（这类工厂的工作环境往往使得工人之间必须近距离接触，如肉类加工厂），到因感染船员过多而无法正常运行的海军舰船，例子比比皆是。另一个影响劳动力供给的因素是员工因担心被感染而拒绝重返工作岗位，这种情况在世界各地频频发生。在许多大公司，一些员工认为自己容易受到感染，因而发起包括罢工在内的激进活动。

第二，需求方面。这一点可归结为经济活动的根本性决定因素：情绪。因为消费者的情绪才是经济发展的真正动力，唯有消费者的信心得到恢复，经济才能恢复到某种形式的“常态”。个人对安全的感知驱动着消费者和企业的决策，这意味着经济的持续好转取决于两点：对疫情消退的信心（否则人们就不会消费和投资），以及全球范围内战胜病毒的证明（否则人们就无法在本地及出行时感到安全）。

从上述两点中可以得出一个合乎逻辑的结论：为了经济可持续复苏，政府必须采取一切措施，不惜一切代价，保障我们的健康和共同财富。正如经济学家和公共卫生专家所言：“只有拯救生命才能挽救生计。”[23]他们还说，“如果政府放弃拯救生命，那么担心病毒的人就不会恢复购物、旅行或外出就餐，经济复苏也就遥遥无期，无论封禁与否”，明确指出了政策措施必须以民众健康为核心，才能实现经济复苏。

事实上，唯有未来的数据和后续分析才能提供切实证据，证明在健康和经济之间不存在权衡取舍。即便如此，美国一些州重新开放初期的数据显示，人们的支出和工作甚至在封禁前就开始有所下降。[24]一旦开始担心疫情，人们甚至会在政府正式要求“关停”经济之前就采取这种做法。在美国一些州决定（部分）重新开放经济活动之后，也出现了类似现象：消费依然低迷，未见好转。这表明依靠法令的力量无法激活经济，同时也反映了大多数决策者围绕是否重新开放经济所面临的决策困局。封禁对经济和社会的破坏众所周知，但在遏制疫情和预防死亡方面的成果（这是经济重新开放的先决条件）往往鲜为人知。少一起新冠病毒感染或死亡病例，公众并不会欢欣庆祝。这就导致了一种公共卫生政策悖论，那就是“当你做对了事，什么都不会发生”。这也是为什么推迟封禁或提早开放的政策总是诱惑难挡，但多项研究表明，这类政策伴随着不可忽视的风险。有两项研究模拟了不实施封禁可能发生的情况，采用的方法不同，却得出了相似的结论。伦敦帝国理工学院的研究表明，11 个欧洲国家（包括英国、西班牙、意大利、法国和德国）在 2020 年 3 月实施的大规模严格封禁，避免了约 310 万人死亡。[25] 另一项由加州大学伯克利分校开展的研究发现，6 个国家（中国、韩国、意大利、伊朗、法国和美国）通过各自实施的隔离措施，总共避免了 5.3 亿感染病例，相当于 6 200 万确诊病例。[26] 结论显而易见：在疫情高峰期感染人数每两天就翻一番的国家，政府除了实施严格封禁别无他法，否则就等于放任指数级的病例增长以及大流行病造成的巨大破坏。由于新冠病毒扩散速度极快，干预的时机与力度都十分重要。

_ 经济增长和就业

2020 年 3 月之前，世界经济从未有过如此突然的急刹车，我们也从未经历过如此剧烈的经济震荡。

这场大流行病对全球经济的冲击前所未见，不仅速度更快，而且后果更严重。即便在 20 世纪 30 年代初的大萧条和 2008 年的全球金融危机中，GDP 下降 10% 以及失业率超过 10% 都用了数年时间。而这次疫情下，在 2020 年 3 月的短短三周内就出现了灾难性的宏观经济结果，特别是失业率急剧增长，GDP 增长率暴跌。新冠疫情使供需两端均陷入危机，使全球经济出现 100 多年来最严重的衰退。经济学家肯尼斯·罗格夫警告称："一切都取决于疫情将持续多久，疫情如果长期存在，必将成为所有金融危机的根源。"[27]

经济衰退的长度、剧烈程度以及对增长与就业的冲击取决于三点：第一，疫情持续的时间和严重程度；第二，各国遏制疫情及缓解影响的成效；第三，各国应对封禁后的措施和各项开放策略的凝聚力。在本书撰写期间，这三个方面的前景依然不甚明了。大大小小的新一轮疫情再度暴发，有的国家能保持防控成果，有的国家可能突然失守，社会凝聚力或将因经济和社会再次受创而面临挑战。

经济增长

2020 年 2—5 月，多国政府为遏制疫情，相继决定关停大部分经济活动。这一连串史无前例的事件从根本上改变了世界经济的运转形式，具体表现为：各国突然主动回到相对封闭的状态，每个国家都设法实现某种形式的自给自足，国家和全球产出在减少。由于首当其冲的是一直以来（相对于建筑业或制造业）不容易受到经济周期影响的服务业，上述决定的影响似乎更加强烈。因此，在发达经济体中，在经济活动中占比最大的服务业（在美国，服务业贡献了 70% 的 GDP，吸纳了 80% 以上的就业人口）在本次疫情中遭受的冲击最大。服务业的另一个显著特征也很致命，那就是与制造业或农业相反，服务业的收入损失无法挽回，因为服务业企业没有存货，也不储备原材料。

尽管大流行病已暴发数月之久，但只要新冠病毒仍威胁着我们的健康，大多数服务业企业恢复“照常经营”仍旧遥遥无期。这也表明在疫苗问世前，完全回归“常态”尚且无望。那么疫苗何时才能问世？据大多数专家的说法，2021 年第一季度之前都不太可能。截至 2020 年 6 月中旬，已有超过 135 项试验正在进行。考虑到过去研发一种疫苗可能需要 10 年时间（埃博拉疫苗的研发耗时 5 年），现在的进展不可谓不快，但影响疫苗上市的不是科学水平，而是生产能力。数十亿剂疫苗的生产才是真正的挑战，需要大规模扩大和转移现有产能。此外，疫苗的接种面临着一项政治挑战：在反疫苗人士声势高涨的背景下，如何为足够多的全球人口接种疫苗（因为集体免疫力取决于最薄弱的一环）并确保足够的接种依从率，这是个问题。在政府干预的几个月中，经济不会开足马力运转，会形成因国家而异的“80% 经济”现象。旅游、酒店、零售、体育和展会等行业的企业将面临以下三重打击：一是顾客减少（面对不确定性，人们更倾向于规避风险）；二是顾客的平均消费减少（更倾向于预防性储蓄）；三是交易成本增加（为保持空间距离和采取卫生措施，服务顾客的成本将增加）。

鉴于服务业对 GDP 增长的重要性（越是富裕的国家，服务业对经济增长越重要），“80% 经济”的新现实带来一个问题：服务行业的商业活动可能接连关停，导致企业破产、就业下降，这是否会对整体经济产生长期影响？这还会引出另一个问题：人们失去收入和对未来的信心后，这些可能发生的长期影响是否会使需求骤降？如果出现这种情况，企业投资暴跌和消费者预防性储蓄激增几乎不可避免，此外还可能伴有资本外逃（大量本国资金快速、无序外流），从而加剧经济危机，殃及全球经济。

根据经济合作与发展组织（OECD）的数据，经济关停直接产生的影响在于，七国集团成员的年度 GDP 可能减少 20%～30%。[28] 当然，此等估计值也取决于各国疫情的持续时间和严重程度。经济关停会造成失业、企业破产和资本支出削减，给经济造成永久性伤害，因此持续的时间越长，造成的结构性破坏就越大。一般来说，如果一个经济体的大部分行业都停止活动，这种情况每延长一个月，该经济体的年增长率就可能下降两个百分点。但我们认为，关停措施持续的时间与其对 GDP 的影响并非存在线性关系。荷兰中央规划局发现，限制措施的实施每延长一个月，经济活动就会产生更高程度的恶化。根据该局提供的模型，经济“休眠”一个月将导致荷兰 2020 年的经济增长下降 1.2%，而休眠三个月将使得经济增长的跌幅达到 5%。[29]

对于已经取消封禁的地区和国家，判断其 GDP 增长的变化还为时过早。2020 年 6 月底，一些“V 形”数据（如欧元区制造业采购经理人指数，缩写为 PMI）和观察性证据显示反弹强于预期，但我们仍应保持谨慎乐观，原因有二。

第一，欧元区和美国 PMI 的显著上升并不意味着这些经济体已走出衰退，只能表明商业活动较前几个月有所改善。这一结果不难理解，因为在严格封禁导致的间歇期结束后，经济活动必然显著回升。

第二，就未来增长而言，最值得关注的指标之一是储蓄率。2020 年 4 月（还处于封禁期），美国的个人储蓄率攀升至 33%，而欧元区家庭储蓄率（计算方式不同于前者）则上升至 19%。随着经济重新开放，两者将显著回落，但仍可能维持历史高位。

在 2020 年 6 月发布的最新版《世界经济展望》报告中，国际货币基金组织（IMF）警告称，世界经济可能会出现“前所未有的危机”和“不确定的复苏”。[30] 在 4 月数据的基础上，国际货币基金组织下调了对全球经济增长的预测，预计 2020 年全球 GDP 增长率为 –4.9%，比此前预测低了近两个百分点。

就　业

这场大流行病使全球经济面临广泛的劳动力市场危机。面对突如其来的巨大冲击，即便是经验最丰富的政策制定者也一时语塞（甚至“束手无策”）。2020 年 5 月 19 日，在出席国会参议院银行业委员会听证会时，美联储主席杰罗姆·鲍威尔坦言：“经济活动的急剧下降造成了难以言喻的痛苦，因为未来的巨大不确定性颠覆了人们的生活轨迹。”[31] 仅在 2020 年 3—4 月，就有超过 3 600 万美国人失去工作，逆转了 10 年来的就业增长态势。美国的情况与其他地方一样，初期关停造成的暂时休假可能会变成永久解雇，从而造成剧烈的社会创伤（只有稳健的社会保障才能缓解），对国家经济造成严重的结构性破坏。

全球失业率最终取决于经济活动衰退的程度，但从全球来看，失业率必将接近两位数，甚至达到更高的水平。危机袭来时，美国往往首当其冲：2020 年美国官方失业率预计或将达到 25% 的峰值，接近大萧条时期；如果再计入隐性失业，这一比例会更高（例如，因气馁而辞职或不再找工作的人，以及正在寻找全职工作的兼职工作者，均不在官方统计的失业人口之列）。服务业从业者的情况尤为严峻，非正式就业的劳动者处境也将更加艰难。

在 GDP 增长方面，失业的严重程度和人口规模取决于各国具体情况。根据经济结构和社会契约的性质，每个国家受到的影响各不相同。但美国和欧洲为政策制定者如何解决问题及应对未来情况，提供了两种截然不同的模式。

截至 2020 年 6 月，美国的失业率（疫情暴发前仅为 3.5%）增长远高于其他地方。2020 年 4 月，美国的失业率比 2 月上升 11.2 个百分点，而同期德国的失业率仅上升不到一个百分点。造成这一巨大差别的原因有二：一是美国劳动力市场有一种“招聘 / 解聘”文化，而欧洲没有这样的文化，且法律通常禁止这种做法；二是疫情暴发之初，欧洲就出台了旨在扶持就业的财政措施。

截至目前（即 2020 年 6 月），美国政府的支持力度强于欧洲国家政府，但两者在性质上截然不同。美国为失业者发放救济金，这种措施偶尔会产生这样一种结果，即失业者的生活相比危机前全职工作时更加宽裕。欧洲国家政府则直接支持企业，使之维持原有的正式“雇佣”关系，即便员工不再全职工作或者根本不工作。

德国的“短时工作”计划（Kurzarbeit，许多国家都效仿这一做法）为 1 000 万雇员提供了高达 60% 的收入补偿，以使他们免于失业。法国推出了类似的方案，为类似数量的员工提供补贴，最高可达先前工资的 80%。还有很多欧洲国家也提出了相似的解决方案，缓解了原本可能出现的解雇和裁员的影响。除了扶持劳动力市场，政府还采取了其他紧急措施，比如为资不抵债的企业争取喘息时间。在许多欧洲国家，如果企业能证明其流动性问题是由疫情引起，可延后申请破产（在一些国家最晚可延到 2021

年 3 月）。要实现平稳的经济复苏，这项政策意义重大，但也有可能只是推迟了问题爆发的时间。在全球范围内，劳动力市场全面复苏可能需要数十年，在欧洲和在其他地方一样，人们越来越担心大量企业破产后会出现大规模失业。

未来几个月，失业状况势必将进一步恶化，原因很简单：可持续的经济复苏出现之前，失业形势不可能明显好转。只要还没研发出疫苗或还没找到治疗方法，经济就不可能复苏，这意味着很多人会加倍担心：担心失业和失业后无法找到新工作（储蓄率将因此急剧上升）。如果再看长远一些（视线从未来几个月转向未来几年），有两类人的就业形势将尤为严峻，分别是受疫情冲击下的就业市场新人，以及容易被机器人取代的工人。这些都是经济、社会和技术相互作用下产生的基本问题，对未来的就业具有决定性影响。其中，自动化的作用尤其令人关注。从长远来看，技术总是会产生积极的经济效应，这一点众所周知。自动化具有颠覆性，能够提高生产率并增加财富，进而增加对商品和服务的需求，催生新的工作类型来满足需求。这一点没有疑问，但在当下与未来之间会发生什么呢？

很有可能出现的一种情况是：疫情引起的经济衰退使劳动力替代激增，体力劳动者被机器人和“智能”机器取代，在劳动力市场引发长期结构性变化。我们将在第六章详细分析大流行病对自动化的影响，但已有充分证据表明，自动化正在加快转型进程，呼叫中心行业便是这一情况的缩影。

在疫情暴发之前，人们已逐渐采用基于人工智能的新技术，实现部分人工劳动的自动化。新冠疫情危机及随之而来的社交隔离措施，令创新和技术变革进程突然加速。聊天机器人（通常与亚马逊的人工智能语音助手 Alexa 采用相同的语音识别技术）和其他可替代一般人工劳动的软件正在快速推行。这些因需要（比如实施卫生措施的需要）而引发的创新应用很快会导致成千上万乃至数百万的工作岗位流失。

未来一段时间，消费者可能更倾向于以自动化服务代替面对面互动。因此，目前呼叫中心的情况将不可避免地出现在其他行业。“自动化焦虑”将重新抬头[32]，而经济衰退将加剧这一情绪。自动化的发展进程从来都不是线性的，往往会有波动起伏，并且起伏通常出现在经济形势严峻之际，此时企业收入下降使得劳动力成本相对较高。这种时候，雇主就会采用自动化技术取代低技能工人，以提高劳动生产率。[33] 最可能受影响的是（比如在制造业和餐饮、运输等服务业中）从事常规性工作的低收入劳动者。劳动力市场的两极分化将日益加剧，一方面高薪工作不断增加，另一方面许多低薪或乏味的工作不断消失。在新兴国家和发展中国家（尤其是存在“青年膨胀”的国家），自动化会让这些国家更难搭上经济增长的“快车”，技术可能将“人口红利”转化为“人口噩梦”。

相比构想未来可能出现的东西，人们更容易想到正在消失的东西，因此很容易沉溺于过度悲观的情绪。我们知道并理解，在可预见的未来，全球失业率必定会上升，但未来几年以至几十年后的情况难以预料。新的生产方法和工具可能催生前所未有的创新与创意浪潮。全球范围内，成千上万的小微企业可能会爆发式地涌现，有望创造数以亿计的工作岗位。虽然我们无法确知未来将发生什么，但我们知道这主要取决于未来经济增长的轨迹。

未来增长图景

根据目前的预测，后疫情时代的经济新“常态”下，增长幅度可能远低于过去几十年。随着复苏的开始，GDP 的季度环比增长可能令人瞩目（因疫情导致起点较低），但对大多数国家而言，总体经济规模可能要数年之后才能恢复到疫情前的水平。这在一定程度上还要归结于新冠病毒对经济的严重冲击将与一个长期趋势融合，即许多国家出现的人口下降和老龄化（人口结构将决定“国运”，也是 GDP 增长的关键动力）。鉴于经济增长放缓的高度确定性，很多人可能会怀疑“迷恋”增长是否仍然有用，并认为盲目追求 GDP 增长目标没有意义。

全球新冠疫情造成深刻冲击，强行按下社会活动的暂停键，这促使我们反思什么才是真正的价值。随着针对疫情的经济应急措施逐步落实，相关方应把握制度变革和政策选择的机遇，使经济发展更公平、更环保。二战之后，国际社会经过多年彻底反思，建立了布雷顿森林体系、联合国和欧盟，福利国家的阵容也得到扩大，显示了变革的巨大潜力。

这提出了以下两个问题：怎样的新指标可用于追踪发展情况？哪些新动力能够促进经济的包容性、可持续发展？

关于第一个问题，世界各国领导人需要转变思维，更加注重并优先考虑地球的健康状况以及所有公民的福祉。历史上，国家搜集统计数据主要是为了充分掌握可用于征税和发动战争的资源。随着民主国家日益强大，20 世纪 30 年代，国家统计数据的目标范围扩大到掌握人口的经济福利[34]，并提炼为 GDP 的形式。经济福利被视为当前生产和消费的等价物，但没有考虑未来的资源可用性。政策制定者过度依赖 GDP 来衡量经济繁荣，导致了目前出现的自然资源和社会资源枯竭状况。

完善的发展指标应包括哪些要素？第一，GDP 本身需要更新，以反映数字经济创造的价值、无偿工作创造的价值，以及某些类型的经济活动可能破坏的价值。家务劳动创造的价值长期被忽视，需要加强相关研究，建立有效的价值衡量框架。此外，随着数字经济的发展，经济活动中未被衡量的部分越来越多。再者，某些类型的金融产品被纳入 GDP 后即被视为创造价值，实则仅有价值的转移，有时甚至会破坏价值创造。

第二，不光是经济总体规模很重要，逐步改善收益分配以及机会获取也很关键。在许多国家，收入不平等空前显著，技术发展加剧了两极分化。因此，GDP 总量或人均 GDP 等平均值逐渐无法准确衡量个人生活质量。贫富差距是当今不平等现象的一个重要方面，应当更加系统地对其加以追踪。

第三，需要更好地衡量和监测经济的韧性，判断真实的经济健康程度，包括制度、基础设施、人力资本和创新生态系统等生产力决定因素。这些因素对系统的整体能力至关重要。此外，需要系统性追踪国家在危机时期可动用的资本储备，包括金融资本、实物资本、自然资本和社会资本。尽管自然资本和社会资本难以衡量，但它们对于社会凝聚力和环境可持续性至关重要，因此不应被低估。最近，学术界已开始整合公私机构的数据资源，解决在衡量资本时遇到的挑战。

一些实例说明，决策者已开始改变政策重点。2019 年，在《世界幸福报告》中名列前 10 的新西兰公布了“福祉预算”。新西兰总理阿德恩决定拨出专款，处理心理健康、儿童贫困和家庭暴力等社会问题，让福祉成为公共政策的明确目标。阿德恩通过此举，将多年来人们熟知的观点（即 GDP 增长未必能改善生活水平和社会福祉）纳入公共政策。

此外，许多城市以及欧盟委员会等机构在考虑各种方案时，既要维持未来的经济活动，满足我们的物质需求，又不能超出地球的生态边界。阿姆斯特丹是世界上首个正式承诺将这一框架作为后疫情时代公共决策起点的城市。这个框架犹如一个“甜甜圈”：内圈表示人们过上美好生活的最低需求（如联合国可持续发展目标）；外圈则是地球系统科学家定义的生态上限（即人类活动不可逾越的界限，避免对气候、土壤、海洋、臭氧层、淡水和生物多样性造成负面环境影响）；内外圈之间的区域就是同时满足人类与地球需求的甜蜜区。[35]

“GDP 增长霸权”是否会消失，我们还无从得知，但各种迹象表明，这场大流行病可能会加速改变许多根深蒂固的社会规范。如果我们都认同，除了人均 GDP 所代表的财富水平，幸福感更多取决于无形因素（如便利的医疗保健和健全的社会结构）而非物质消费，那么尊重环境、负责任饮食、同理心或慷慨等多元价值观就可能得到普及，并逐步成为新型社会规范的特征。

除了当前这场持续的危机，近年来，经济增长对于提高生活水平的作用也因地而异。在高收入经济体中，生产率增长自 20 世纪 70 年代以来持续下降，有观点认为目前还没有明确的政策方针能恢复长期增长。[36] 此外，经济增长红利向处于收入分配顶端的个人严重倾斜。要改善政策效果，决策者应采取精准的干预措施，以增进社会福祉。[37] 在中低收入国家，经济增长让大型新兴市场受益匪浅，数以百万计的人口得以摆脱贫困。尽管决策者已经掌握更多促进增长的政策方案（比如如何解决经济发展中基本的扭曲问题），但随着第四次工业革命的到来，制造业主导的发展模式会迅速失去优势，因此必须开始寻找新的发展方式。[38]

这便引出了关于未来经济增长的第二个关键问题。如果与经济增长的速度相比，增长的方向和质量同样甚至更为重要，那么对后疫情时代的经济而言，哪些因素能够改善经济发展的质量？我们认为，若干领域有望形成一种能够提升经济发展的包容性和可持续性的动态环境。

从绿色能源、生态旅游到循环经济，绿色经济蕴含广泛可能。例如，可以从“获取—制造—丢弃”的生产和消费方式，转变为“源头设计注重可恢复性和可再生性”的模式[39]，在产品使用寿命结束后将其回收再利用，从而保护资源并尽可能减少废弃物。这种模式能够创造更多价值，通过推动创新、增加就业、促进增长，最终带来经济效益。越来越多的企业和战略青睐使用寿命更长的可修复产品（从手机、汽车到时装），甚至提供免费维修服务（如巴塔哥尼亚品牌的户外服饰），二手产品交易平台也在快速扩张。[40]

社会经济还包括其他能够创造就业的高增长领域，如护理和个人服务、教育、健康领域。一项对 7 个经济体的研究发现，对儿童保育、老人护理和其他护理服务的投资，总共可创造 2 100 万个工作岗位（仅在美国就创造了 1 300 万个工作岗位），可为其 GDP 增长贡献两个百分点。[41] 如果将中小学教育、技术和职业教育与培训、大学和成人培训都考虑在内，教育领域也能够创造大量就业。此外，新冠疫情表明，健康领域急需加大基础设施、创新和人力资本的投资。上述三个领域不仅本身具有创造就业的潜力，而且能在平等、社会流动和包容性增长方面创造长远效益，并共同形成乘数效应。

生产、分销和商业模式的创新能够提高效率，催生和改善附加值更高的新产品，创造新就业，带来经济繁荣。因此，政府需要从根本上反思市场及其在社会经济中的作用，将公共政策方向及激励措施与商业创新能力结合，借助多种工具实现更加包容、可持续的经济繁荣。这就需要在上述前沿市场开展差异化的审慎投资，因为在这些领域，市场力量能对社会经济产生变革性影响，但仍缺乏支持运转的某些必要条件（例如，可持续、大规模制造产品或资产的技术能力仍然不足，标准尚不清晰，法律框架有待完善）。在这些新市场建立规则和机制，有望对经济发展形成变革性影响。如果政府希望实现更高质量的新型增长模式，现在就应当把握机会，在上述领域采取激励措施，以鼓励创新、激发创意。

有人提出将 GDP 增长降至 0 甚至负值的“去增长”运动，也获得了一些支持者（至少是在最富有的国家）。随着对经济增长的批评成为主流话题，消费主义在公共和私人生活中的金融与文化主导地位将被彻底颠覆。[42] 这一点明显体现在部分利基市场中消费者所主导的去增长行动，如倡议少吃肉或少坐飞机。由于疫情造成了一段事实上的“去增长”时期，人们对这场旨在放缓经济增速的运动重燃兴趣。2020 年 5 月，世界各地 1 100 多名专家发表了一份宣言，主张利用去增长策略应对新冠疫情造成的经济和人道危机。[43] 他们在公开宣言中呼吁，应当鼓励民众参与，进行“规划合理、适应性强、可持续、公平的经济规模缩减，用较少资源实现更具幸福感的生活”。

然而，我们要警惕像盲目地追求增长一样贸然追求去增长！如果国家及政府放眼长远，应优先考虑采取更加包容、可持续的方法来管理和衡量经济，推动就业增长，改善生活水平并保护地球。一些既有技术已经能以较少资源实现更多产出。[44] 如果我们采用这种更全面、更长远的方法来评估发展成果，推动绿色投资与社会前沿市场投资，就能够统筹协调经济、社会和环境发展，而不会顾此失彼。

_ 财政政策和货币政策

针对新冠疫情，许多国家果断推出了灵活的大规模财政政策和货币政策。

疫情暴发后，系统重要性国家的央行几乎立即决定降息，同时启动大规模的量化宽松方案，印制必要的货币，使政府得以维持较低的借贷成本。美联储承诺购买长期国债和机构抵押贷款证券；欧洲央行则承诺购买各国政府发行的任何工具，成功缩小了欧元区中经济实力参差的成员国之间的借贷成本差额。

与此同时，多数政府都推出了雄心勃勃、前所未有的财政政策。危机期间，许多政府早早采取广泛的应急措施，以期达成三个具体目标：第一，根据需要决定支出规模，（通过生产试剂、加强医院能力、研发药物和疫苗等）尽快控制疫情；第二，向处于破产和灾难边缘的企业与家庭提供应急资金；第三，支持总体需求，尽可能发挥经济运行的潜力。[45]

这些措施将带来巨大的财政赤字，富裕经济体的债务与 GDP 之比可能上升 30%。2020 年全球政府支出中，总体刺激方案的规模可能超过全球 GDP 的 20%，但各国之间差异明显，预计德国将达到 33%，而美国仅高于 12%。

在发达国家和新兴国家，财政支出扩大的影响差异巨大。在高收入国家，高额债务被认为可持续并能维持后代的福利成本，因而这些国家具有更大的财政空间，原因有二：第一，央行承诺购买维持低利率的所有必要债券；第二，由于不确定性会继续抑制私人投资并刺激预防性储蓄，各方相信在可预见的未来利率将保持低位。相比之下，新兴国家和发展中国家的情况再明显不过，它们绝大部分不具备应对危机所需的财政空间，已出现大量资本外流和大宗商品价格下跌的现象。这意味着它们一旦推出扩张性财政政策，汇率必将遭受重创。在这种情况下，以拨款和债务减免的形式提供援助，甚至直接宣布延期还款[46]不仅十分必要，而且至关重要。

这些都是在非常形势之下采取的非常做法，经济学家卡门·莱因哈特也表示，现在需要“不惜一切代价，采取大规模、非常规的财政政策和货币政策”。[47]各国政府都在努力防止经济衰退演变为灾难性的大萧条，在疫情发生前难以想象的措施很可能会成为全球通行的做法。未来将有越来越多声音呼吁政府干预，发挥“最后付款人”的作用[48]，防止或遏制疫情引发大规模裁员和商业经济衰退。

这些变化无一不在改变经济和货币政策的“游戏”规则。随着央行官员（从某种程度上）逐渐成为民选官员的附庸，旨在保持货币与财政当局各自独立性的人为壁垒已被拆除。如今不难设想，今后政府将试图对央行施加影响，为基础设施或绿色投资基金等重大公共项目筹集资金。这些政策结束后，政府的某些干预措施（如维持劳动者的工作或收入，保护企业免于破产）可能将长期存在。即便情况有所好转，公众和政界仍可能要求保留这些计划。最令人担忧的问题之一在于，财政政策和货币政策的隐性合流可能导致不可控制的通货膨胀。它源于这样一种观点，即政策制定者将大规模推行完全货币化（不通过标准的政府债务来融资）的财政刺激措施。这就是现代货币理论（MMT）和“直升机撒钱”比喻的由来：因利率已趋近于零，央行无法通过传统的货币工具（即降息）来刺激经济，除非决定实施深度负利率政策，但这可能存在较高风险，多数央行反对使用。[49] 因此，政府必须通过提高财政赤字（在税收下降的同时增加公共支出）推出刺激措施。简单来说，现代货币理论就是政府将发行债券供央行购买。如果永不回售，就如同货币融资，即财政赤字的货币化（通过央行购买政府发行的债券实现），政府可将这些货币投入适当用途，如直接给有需要的人发钱（即所谓的“直升机撒钱”）。这种理论确实有一定的吸引力和可行性，但它牵涉到一个重要的社会期望和政治控制问题：一旦公民意识到“神奇的摇钱树”能生钱，将会强烈要求民选官员印发更多货币，这最终会导致通货膨胀。

通货紧缩还是通货膨胀

货币融资中有两个技术要素涉及通货膨胀风险。第一，推行无期限量化宽松（即货币融资）的决策不一定要在央行购买政府债券时做出，可留待日后，从而隐藏或避免滋生钱“长在树上”的想法。第二，“直升机撒钱”对通货膨胀的影响与财政赤字是否货币化无关，而与涉及的资金量成正比。央行发行的货币规模没有名义限制，但要恢复通货膨胀同时避免通货膨胀率过高的风险，发行的货币存在合理上限。名义 GDP 的相应增长将分别来自真实产出效应以及价格水平效应的强化，这种平衡及通货膨胀的性质将取决于供给制约的程度，最终取决于印发的货币量。央行官员可能认为 2%～3% 的通货膨胀率不值得担心，4%～5% 的通货膨胀率也问题不大，但他们必须界定上限，避免让通货膨胀产生真正的颠覆性。这里面临的挑战就是要明确下列事项：通货膨胀率达到怎样的水平就会侵蚀经济并成为消费者的焦虑之源。

目前，担心通货紧缩或忧虑通货膨胀的人士均有之，他们分别出于怎样的考虑？担心通货紧缩的人士指出，面对劳动力市场崩溃和商品价格大跌，通货膨胀率回升遥遥无期。而忧虑通货膨胀的人士注意到央行资产负债表和财政赤字大幅增加，质疑这种情况怎么可能不导致通货膨胀，而且可能导致高通货膨胀甚至恶性通货膨胀。他们以一战后的德国或二战后的英国为例：1923 年德国试图利用通货膨胀减轻国内的战争债务负担，结果引发恶性通货膨胀；英国则依靠少量通货膨胀逐渐偿还二战后的巨额债务（占 GDP 的 250%）。担忧人士认为短期内通货紧缩的风险更高，但也同意，鉴于不可避免的大量刺激措施，最终还是会形成通货膨胀。

在当前关头，很难想象通货膨胀会在近期内升温。生产活动的回流可能引发偶尔的通货膨胀，但程度有限。老龄化和技术（两者在本质上都将引发通货紧缩）等明显的长期结构化趋势加上极高的失业率，将抑制未来多年的工资增长，给通货膨胀率造成巨大的下行压力。在后疫情时代，强劲的消费需求不太可能出现。大范围的失业、大量人口的收入降低以及对未来的不确定性，都可能促使预防性储蓄增加。当社交隔离措施最终放宽时，被压抑的需求可能引发些许通货膨胀，但这可能只是短期现象，不会影响长期的通货膨胀预期。国际货币基金组织前首席经济学家奥利维尔·布兰查德认为，只有同时具备以下三个要素才可能产生通货膨胀：一是债务占 GDP 的比重大幅上升，升幅超过目前预测的 20%～30%；二是中性利率（保持经济潜力所需的安全实际利率）大幅上升；三是由财政主导货币政策。[50] 其中每种情况单独出现的概率已经很低，三者同时出现的概率则更低（但不是 0）。债券投资者持同样的观点。情况固然会变化，但从目前来看，名义债券和通胀指数债券之间的低利差表明，最多会出现长期维持极低通货膨胀率的情况。

未来几年，高收入国家很可能面临与过去几十年的日本类似的情况：结构性需求疲软，通货膨胀率极低，利率超低。人们常把（富裕）世界可能出现的“日本化”现象描述为一种无望组合：无增长、无通货膨胀、债务高企。这种看法实则具有误导性。根据人口统计学特征调整数据后，日本的人均 GDP 其实很高并保持增长，经济表现优于大多数国家。2007 年以来，日本劳动年龄人口的人均实际 GDP 增速在七国集团中位居第一。尽管其中有很多特殊原因（比如社会资本充足，信任度很高，劳动生产率的增长超过平均水平，老龄劳动者成功加入劳动力队伍），但还是能表明人口萎缩并不一定导致经济衰退。日本较高的生活水平和福祉指标提供了有益经验，即面对经济困难，仍存有希望。

美元的命运

几十年来，美元一直享有作为全球储备货币的“过度特权”，这一地位长久以来都是“帝国的特权和经济的灵药”。[51] 在很大程度上，全球对美元的信心加上海外客户持有美元（常以美国政府债券的形式）的意愿，构筑并巩固了美国强大和繁荣的根基。许多国家和外国机构愿意持有美元，将其作为一种保值手段和（贸易）交易工具，这奠定了美元作为全球储备货币的地位。由此，美国得以在海外以低廉的成本借款，并受益于本土的低利率，使美国人能够超前消费。有赖于此，美国政府近期出现巨额财政赤字，得以维持大量贸易赤字、降低汇率风险并增强金融市场的流动性。美元储备货币地位的核心在于一个关键的信任问题：持有美元的非美国人相信，美国既会（通过合理管理其经济）保护自身利益，又会（通过合理管理其货币，例如高效、快速地为全球金融体系提供美元流动性）保护世界上其他国家的利益。

长期以来，不乏分析人士和政策制定者考虑美元主导地位逐渐消失的可能性。现在，他们认为这场大流行病可能成为催化剂，其依据来自两个层面，涉及信任问题的两个方面。

在合理管理经济方面，怀疑美元主导地位的人士指出，美国财政状况的急剧恶化不可避免。他们认为，不可持续的债务水平最终会削弱外界对美元的信心。疫情暴发之前，美国的国防开支、联邦债务的利息和每年的福利开支（联邦医疗保险、联邦医疗补助和社会保障）已达到联邦税收收入的 112%（2017 年这一占比仅为 95%）。这种做法显然不可持续，当疫情得到控制、财政救助开始收缩时，政策后果将进一步恶化。为此，美国政府必须做出重大改变，要么显著淡化地缘政治的作用，要么提高税收，也可以两者兼取。否则，美国的财政赤字必将上升到过高水平，导致非美国投资者不愿持有美元。毕竟，如果外国不再信任该国的兑付能力，其货币作为世界储备货币的地位也将不复存在。

在为其他国家合理管理美元方面，怀疑美元主导地位的人士指出，美元的全球储备货币地位与其国内高涨的经济民族主义无法并存。尽管美联储和美国财政部有效管理着美元及其全球影响网络，但怀疑者强调，美国政府出于地缘政治目的（如惩罚与伊朗或朝鲜有贸易往来的国家或企业）将美元武器化的意愿，将不可避免地促使美元持有者寻找其他选择。

是否存在可行的替代货币？虽然美国仍是全球金融霸主（美元在国际金融交易中的作用远大于其在国际贸易中的作用，尽管表现得没有那么明显），许多国家想挑战美元的全球主导地位也是事实，但短期内并没有可行的替代货币。中国的人民币可能是一个选择，但前提是要取消严格的资本管制，让人民币成为市场化货币，而这在可预见的未来不太可能发生。欧元也可能是一种选择，但前提是人们对欧元区内部分裂的疑虑彻底消散，这在未来几年内同样不太可能发生。至于全球虚拟货币，目前尚未有能取代美元的迹象，但若干国家已开始试水数字货币，它或许最终能撼动美元的霸主地位。其中最引人注目的是，中国于 2020 年 4 月底在四座城市测试本土数字货币。[52] 在开发数字货币并与电子支付平台结合方面，中国领先其他国家数年之久。这种尝试明确表明，一些货币系统正试图绕开美元的中间作用，逐步实现更高程度的数字化。

归根结底，美元的首要地位是否会终结，取决于美国自身的情况。正如美国财政部前部长亨利·保尔森所说：“美元的主导地位始于国内……美国经济必须持续增强全球公信力和信心。如果不能做到这一点，随着时间的推移，美元的地位将岌岌可危。”[53] 在很大程度上，美元的全球公信力还在于地缘政治及其社会模式的吸引力。“过度特权”与美国世界大国的地位、作为可靠伙伴的印象以及在多边机构中的作用密不可分。巴里·艾肯格林和欧洲央行代表警告称："由于美国正脱离全球地缘政治，转而采取更加独立的内向型政策，如果人们认为美元作为主导货币的可靠性有所削弱，安全保障也不再无懈可击，那么美元所享有的安全溢价可能会逐渐降低。"[54]

围绕美元作为全球储备货币的未来地位存在诸多质疑和怀疑，这提醒人们一个国家的经济状况并非孤立存在。这一事实对负债过高的新兴国家和贫穷国家尤为残酷，因为它们现在无力偿还通常以美元计算的债务。对这些国家而言，应对新冠危机需要可观的投入和数年时间，而巨额的经济损失会迅速转化为社会和人道主义灾难。新冠疫情很可能会使高度发达国家、新兴国家和发展中国家之间的密切合作戛然而止，导致社会和地缘政治风险增加，凸显经济风险与社会及地缘政治问题之间的深度互联。

第三章

社会的重构

从历史角度来看，大流行病往往最能检验社会核心系统。2020 年暴发的新冠疫情也不例外。上一章分析了疫情对经济的影响，下一章将介绍疫情对地缘政治的影响。在本章中我们会看到，新冠疫情对社会的颠覆性影响也将持续多年，甚至影响数代人。其中，最为直接、最切实可见的影响在于，许多政府饱受批评，社会公众对一些政策制定者和政治人物怒不可遏，认为他们未能做好应对新冠疫情的充分准备。正如亨利·基辛格指出的，“国家能团结和繁荣，是因为人们相信政府各部门能预见灾难，阻止灾难的影响，并让国家恢复稳定。这次的新冠疫情结束时，许多国家的政府机构在公众眼中就会变成失败者”。[55] 对于富裕国家来说尤为如此，因为这些国家拥有专业的医疗卫生体系和强大的科研与创新实力，但和其他国家相比，这些国家的管理部门却表现得如此糟糕，社会公众自然会发出质疑。由于未能为绝大多数的公民带来经济红利和社会福利，这些国家最核心的社会架构和社会经济体系或许就会成为公众心目中真正的“罪魁祸首”。在贫困国家，新冠疫情将会产生巨大的社会成本，不仅会加剧本已困扰它们多年的问题（尤其是贫困、不平等和腐败问题），甚至会导致严重的社交和社会分化（这里的“社交”是指公民个人之间或公民团体之间的互动交流；“社会”是一个形容词，涵盖社会整体）。

在应对新冠疫情的过程中，有没有哪些切实可行的措施和难以奏效的办法，能够给我们提供系统性的经验教训呢？各国的疫情防控措施在多大程度上揭示了特定社会或治理体系的优势和劣势？新加坡、韩国和丹麦等国似乎表现得很好，超过了大多数国家，而意大利、西班牙、美国和英国等国似乎在许多方面表现不佳：无论是在疫情预防、危机管理和公众沟通领域，还是在确诊病例或死亡人数等多项指标上，这些国家的表现都乏善可陈。一些相邻国家（比如法国和德国）在许多社会体系上非常相似，它们的新冠疫情确诊病例相差无几，但死亡人数差距极大。除了医疗卫生基础设施的差异外，是什么导致了这样大相径庭的结果？截至目前，我们仍然面临许多“未知”，仍然不了解这次新冠疫情为何暴发，且为何在某些国家和地区（而不是其他国家或地区）尤为来势汹汹。但是，总体来看，在疫情中表现较好的国家都拥有下列特征。

- 它们为即将到来的疫情做好了后勤和组织上的“准备”。
- 它们快速果断地做出了决策。
- 它们的医疗卫生体系具有包容性和成本效益。
- 它们的社会公信力较高，公民对领导者及其提供的信息非常信任。
- 它们展现出了真正的团结意识，将集体利益置于个人利益和需求之上。

除了第一项和第二项更具技术性外（虽然这种技术性中也嵌入了文化因素），其他几点都可归结为“有利的”社会特征，证明了包容、团结和信任等核心价值理念是大流行病防控工作取得成功的决定性因素。

当然，我们尚无法准确描述社会的重构在不同国家会有怎样的表现形式，但部分全球性框架已初现端倪。首先，后疫情时代将迎来大规模的财富再分配，实现财富在富人与穷人以及资本与劳动力之间的转移。其次，新冠疫情可能敲响了新自由主义的丧钟。所谓的新自由主义包含一整套思想和政策，大体上倡导竞争，忽视团结；强调创造性破坏，反对政府干预；推崇经济增长，抑制社会福利。多年来，新自由主义学说一直在衰落，越来越多的评论家、商业领袖和政策制定者批评它是“市场拜物教”，但给这种理论以致命一击的是新冠疫情。过去几年中，美国和英国最热衷于推行新自由主义政策，而在这次疫情中，这两个国家的死亡人数属最多之列，这绝非巧合。财富的大规模再分配和被抛弃的新自由主义政策——这相伴相生的两大因素将对我们社会的组织产生决定性影响，具体表现为：不平等会加剧社会动荡，政府的作用会日益凸显，社会契约将会被重新定义。

不平等

人们经常将新冠疫情比作“强大的均衡器”，这实在是一种严重的误导。[56] 事实恰恰相反。无论何时，疫情所到之处，都会加剧本已存在的社会不平等。因此，无论是从医学、经济学、社会学还是从心理学角度来看，新冠疫情绝非一种“平衡力量”，而是会实实在在地“加剧收入、财富和机会的失衡”。[57] 在世界范围内，有大量人口在经济和社会层面处于弱势地位，并且到了非常严重的程度，这一现象在缺乏社会保障、社会保障不力或者家庭和社会联系较弱的国家尤为严重，而新冠疫情让这一切暴露无遗。当然，这种情况在疫情暴发之前就存在，但根据我们对其他全球性问题的观察，疫情放大了这些问题，迫使我们去认识和承认社会不平等的严重性。在此之前，社会不平等的问题已被太多人冷落了太久。

疫情带来的第一个影响是，它揭示了令人震惊的社会差距以及社会不同阶层面临的风险，从而放大了社会不平等带来的宏观挑战。疫情封禁期间，世界上许多地方出现了一种笼统但发人深省的论调。它描述了这样一个二元世界：上层社会和中产阶级人士能够进行远程办公，并自行对孩子进行居家教育（包括中小学教育，且住所越偏远就被认为越安全）；工人阶级却不能待在家里，也不能监督子女学业，而是要辛苦奋战在第一线，通过直接或间接的方式拯救生命和经济——为医院提供保洁服务，进行人工结账，运输必要物资，保障我们的安全，等等。在美国这样高度发达的服务经济中，约有 1/3 的工作可以在家完成，或者可以远程完成，各行各业之间的收入存在较大差异。超过 75% 的美国金融和保险从业者可以远程办公，而在食品行业，只有不到 3% 的从业者能够远程办公，而且收入水平要低得多。[58] 在疫情强势蔓延的时刻（2020 年 4 月中旬），绝大多数的新增病例和死亡人数更加凸显了以下事实：新冠病毒绝不像许多人在疫情初期所说的那样是一种“调平器”或“平衡器”。相反，病毒很快对人类展开了致命攻击，而且毫无公平可言。

在美国，在新冠疫情中丧生最多的是非裔美国人、低收入群体以及无家可归者等弱势群体。在密歇根州，黑人人口占比不到 15%，但在死于新冠病毒并发症的人中，黑人人口的占比高达 40% 左右。新冠疫情给黑人群体带来的巨大影响正反映了背后的社会不公问题。和许多其他国家一样，美国的非裔公民更加贫困，失业或就业不足的风险更高，住房和生活条件往往达不到标准水平，更容易受到肥胖、心脏病或糖尿病等健康问题的困扰。对他们而言，新冠病毒自然就更加致命。

新冠疫情以及随后的封禁状态带来的第二个影响是，它暴露了人类所从事的工作的本质和内在价值与其经济报酬之间的深度脱节。换言之，社会最需要的人才获得的经济报酬却最低。一个令人警醒的事实是，护士、清洁工、物流驾驶员、食品厂工人、护理人员和仓储工人等冒着生命危险去参加抗疫、照顾病患和维持经济运转，但是他们的收入最低。实际上，他们为经济发展和社会福利做出了巨大贡献，但他们的价值远未得到认可。这是一个全球性现象，但在盎格鲁-撒克逊国家尤为严重。在这些国家，贫困往往和失业问题相伴而生。上述群体不仅工作报酬最低，而且失业风险最高。比如，在英国，大多数（近 60%）的护理人员签署的是“零工时合同”，这就意味着他们的工时无法得到保证，因此收入也就难以得到保障。同样，食品厂的工人通常都是临时工，享受不到正常雇员的权益，也没有任何社会保障。物流驾驶员则大多数情况下被归类为自由职业者，他们都是按照送货的次数获得报酬，没有病假津贴，也没有带薪休假——英国导演肯·洛奇在其最新的电影作品《对不起，我们错过了你》中描绘了这一令人心酸的社会现实。该影片阐述了这些工人非同寻常的生活境遇：只要一场不幸降临，他们就会在身体层面、心理层面以及经济层面彻底陷入崩溃，压力和焦虑充斥着他们生活的方方面面。

在后疫情时代，社会不平等问题是会加剧还是会得到缓解？至少从短期来看，许多观察性证据告诉我们，这种社会不平等可能会继续恶化。如前文所述，没有收入或收入较低人群更容易受到新冠疫情的影响：他们更有可能受到慢性疾病的困扰，免疫功能低下，因此更容易感染新冠病毒，患上严重的感染症状。在疫情暴发后的几个月内，这一现象会持续。和以往大流行病（如鼠疫）暴发期间一样，在本次新冠疫情中，人们也不会获得公平的治疗机会和接种疫苗的机会，在美国尤其如此。与安妮·凯斯合著了《死于绝望与资本主义的未来》一书的诺贝尔经济学奖获得者安格斯·迪顿指出，“制药企业和医院会变得前所未有地强大和富有”[59]，这不利于社会上最为贫困的群体。另外，世界各国实行的超级融通性货币政策尤其会推高金融市场和房地产市场的资产价格，从而进一步扩大贫富差距。

但是，如果从长远来看，这一趋势可能会逆转，并引发相反的后果，即缓解社会不公。为什么会这样呢？当富人阶层专享的特殊待遇造成了显而易见的社会不公，并激怒了足够多的群体时，很可能就会引起整个社会的广泛抵制。在美国，大多数群体或者影响力很大的少数群体会要求由国家或集体控制医疗体系。而在欧洲，医疗体系投资不足的问题可能在政治上再也无法被接受。当然，此次新冠疫情也可能最终会促使我们反思那些真正重要的职业，并重新设计整个社会给予那些职业的从业者的报酬方式。当前，一个善于做空的明星对冲基金经理对社会经济的贡献值得怀疑，但他们的年收入高达数百万美元；相比之下，护士对社会福利做出了无可置疑的贡献，但其收入和前者相比微不足道。将来，社会还能否接受这种状况呢？在乐观的情形下，随着我们逐渐认识到许多报酬低、缺乏保障的从业者为整个社会福利立下了汗马功劳，我们就会调整相关政策，以改善他们的工作条件，提高他们的薪酬水平。这样一来，企业利润会降低，物价也可能上涨，但工人的工资会提高。面对强大的社会和政治压力，毫无保障的雇佣合同和剥削性的政策漏洞就会被永久性职位和更优质的培训取代，社会不平等状况因而可以得到缓解。然而，历史告诉我们，如果没有一场大规模的社会革命，上述乐观的情景恐怕难以实现。

_ 社会动荡

后疫情时代面临的重大危险之一是社会动荡，在极端情况下甚至会引发社会解体和政权倒台。无数的研究、文章和警告都强调了这一特别的风险，它们都是基于一个显而易见的事实：当人们失去了工作和收入，也看不到任何改善生活的希望时，他们就会诉诸暴力。下述引文就描述了这一问题的本质。这一引文是针对美国提出的，但其结论适用于世界上的大多数国家。

> 那些失去希望的无业无产者很容易对抗富裕阶层。目前，30% 的美国人没有任何资产，甚至还负债累累。当前这场危机过后，如果有更多的人失去了收入和工作，无法享受医疗服务，他们就会变得绝望而愤怒。意大利最近爆发的越狱事件和 2005 年美国新奥尔良市在卡特里娜飓风期间发生的抢劫事件等场景就会变得司空见惯。当政府动用准军事力量或军事力量来镇压这些财产抢劫或攻击事件时，社会很可能就会开始解体。[60]

早在新冠疫情席卷世界之前，全球范围内的社会动荡已呈愈演愈烈之势。由此可见，社会动荡并非新生事物，只是疫情放大了它的风险。定义社会动荡的方式有许多种。在过去两年中，世界上已经发生了 100 多起大规模的反政府游行示威活动[61]，穷国和富国概莫能外，其中包括法国爆发的“黄背心”运动，以及玻利维亚、伊朗和苏丹等国爆发的针对强人政治的游行示威活动。当然，其中绝大多数活动（尤其是后一种活动）遭到了残酷镇压。随着各国政府为了控制新冠疫情而强行禁止人口流动，这些抗议活动（就像全球经济一样）进入蛰伏期。然而，随着人群聚集和街头集会的相关禁令解除，民众旧有的怨愤和临时遭受压制的社会不安情绪定会卷土重来，而且很可能会形成更为浩大的声势。在后疫情时代，失业者、焦虑者、悲惨者、憎恨者、生病者和饥馑者的数量预计会大幅增加。生活的悲剧会频繁发生，失业者、穷人、移民、囚犯、居无定所者以及所有遭受排斥的社会群体会滋生更多的气愤、憎恨和恼怒情绪。所有这一切叠加起来，一场浩大的社会变革怎么可能避免？社会现象通常和大流行病具有同样的特征。正如前文所述，两者同样会出现转折点。当贫困、被剥夺感和失去权力的感觉达到一定的拐点，颠覆性的社会行动便会成为逼不得已的选择。

在新冠疫情危机的初期，一些知名人士就表达了这样的担忧，并提醒世界注意防范日益上升的社会动荡风险。瑞典实业家雅各布·沃伦伯格就是其中之一，他在2020年3月撰文指出："如果疫情危机长期持续，失业率可能会高达20%~30%，而世界经济预计会萎缩20%~30%。届时迎接我们的不是经济复苏，而是社会动荡和暴力事件。疫情会给社会经济带来严重后果，导致大量人口失业。民众会深受其苦，有人会悲惨死去，还有人会生不如死。"[62] 目前，失业率已经超过了沃伦伯格认为的"警戒线"：许多国家的失业率已经超过20%，直奔30%，大多数经济体在

2020 年第二季度的萎缩程度超出预期。接下来，形势将如何演变？社会动乱最有可能在哪里首先爆发？会以什么样的规模爆发呢？

截至本书编撰之时，新冠疫情已经在全球范围内引发了一轮社会动荡。2020 年 5 月末，乔治·弗洛伊德惨遭杀害之后，一场名为“黑人的命也是命”的游行示威活动首先在美国爆发，随后迅速蔓延至世界各地。新冠疫情变成了一个决定性因素：乔治·弗洛伊德的死点燃了社会动乱这场大火，但是这场疫情造成的根本性问题，尤其是疫情暴露的种族不平等和失业率不断攀升，才是让抗议示威愈演愈烈的重要推手。为什么会这样呢？在过去 6 年中，已有近 100 名非裔美国人死于警方拘留，但直到此次乔治·弗洛伊德的死亡才触发了全国范围的抗议活动。由此可见，愤怒之火在疫情期间燃起并非偶然，它已经给美国的非裔群体造成了巨大的影响（前文已述）。2020 年 6 月末，新冠疫情在美国黑人中的致死率是在美国白人中致死率的 2.4 倍。与此同时，新冠病毒正在大大降低美国黑人的就业率。实际上，这实属正常：美国黑人和白人之间的社会经济差距已经非常巨大，以至不管从哪项指标来衡量，和白人劳动者相比，黑人劳动者都属于弱势群体。[63] 2020 年 5 月，美国黑人的失业率高达 16.8%（相比之下，全国的平均失业率为 13.3%），以至形成了被社会学家称为“闲暇余度”（biographical availability）[64] 的现象：全职劳动力的减少往往导致更多的人参加社会运动。我们还不清楚“黑人的命也是命”这场运动将如何演变，也不了解它会以何种形式持续下去。但是，目前的迹象表明，它正在超越种族问题的范畴，演变为一场更加广泛的社会运动。针对制度性种族主义的抗议活动已经引发了人们对经济公平和包容性的普遍呼吁。这个问题和前一节探讨的不平等问题一脉相承，同时也说明了各项风险之间能够相互影响、相互放大。

必须要强调的是，没有什么是一成不变的，社会动荡也没有“机械的”触发装置——社会动荡是一个群体人性动态和心态的外在表现，受多重因素的影响。按照万物互联和复杂性理论，社会动荡属于典型的非线性事件，可能是由政治、经济、社会、技术和环境等各方面因素共同触发的。这些因素既可能是极端天气事件导致的经济冲击和困境，也可能是种族矛盾、粮食短缺甚至是感到社会不公的一种情绪。这些因素和其他各种因素可能还会相互影响，产生“瀑布效应”。因此，具体的动乱事件难以预见，却又往往在意料之中。什么样的国家最容易发生动乱呢？缺乏社会保障的贫穷国家和社会保障力度薄弱的富裕国家最容易遭遇动乱风险，因为这样的国家没有或缺乏失业福利之类的政策工具来缓冲收入损失带来的冲击。正因如此，像美国这样奉行个人主义的社会比欧洲国家或亚洲国家更容易面临风险，因为后两者要么具有更强烈的团结意识（比如欧洲南部），要么拥有能够支持弱势群体的强大社会体系（比如欧洲北部）。有时候，有的国家甚至兼具这两种特性。比如，意大利等国家既拥有强大的社会保障体系，又具有非常明显的团结意识（尤其注重代际团结）。同样，在许多亚洲国家盛行的儒家文化把责任感和代际团结置于个人利益之上，非常看重有利于集体的行为措施和社会规范。当然，这并不是说欧洲国家和亚洲国家就不会爆发社会动乱，绝对不是！法国的“黄背心”运动已经表明，如果社会期望不能得到满足，即使是拥有有效的社会保障体系的国家也仍有可能发生激烈而持久的社会动乱。

社会动乱会影响经济增长和社会福利，但也必须指出，面对潜在的社会动乱，我们也并非无能为力，原因很简单：政府、企业和其他组织可以未雨绸缪，通过制定正确的政策来缓解风险。社会动乱的最主要根由是不平等，而政府往往掌握着相应的政策工具，能够解决令人难以接受的社会不平等问题。

_ “大”政府的回归

米思伟和阿德里安·伍尔德里奇撰文指出：“新冠疫情让政府再次变得重要，不仅仅是再次强大，而且是再次变得至关重要（那些不可一世的企业已经放下身段，祈求政府的帮助）。真正能够发挥巨大作用的是，你的国家能否提供良好的医疗服务，是否拥有强大的政府机构和有效的财政体系。政府能否做到善治，直接决定人的生死。”[65]

过去500年，我们从欧洲和美国获得的最大教训之一是：严重的危机会强化国家的力量。事实始终如此，新冠疫情也不例外。历史学家指出，自18世纪起，财政实力日益强大的资本主义国家总是有发动战争的需求，尤其要在遥远的国家发动需要扩充海上力量的战争。比如，1756—1763年爆发的“七年战争”据称是第一次真正意义上的全球性战争，当时欧洲的所有大国都参加了这场战争。自此，每当遇到重大危机，国家力量总能得到进一步强化，而征税往往是首先可以动用的手段：“征税是主权归属中固有的、不可缺少的特征，也是每一个独立政府的权力。”[66]以往的一些案例表明，这次疫情过后，税率会提高。和以往一样，提高税率背后的社会逻辑和政治理由都是源于“国家处于战争状态”（只是这次面对的是一个无形的敌人）这样的论调。

法国的所得税最高税率在1914年是0，到了一战结束一年后，这一税率提高到50%。1917年，加拿大首次实行所得税，作为一种临时性措施为战争筹集资金。到二战期间，加拿大大幅提高了税率，在企业之外，向所有所得税纳税人统一征收20%的附加税，并引入了很高的边际税率（69%）。战争结束后，加拿大的税率降了下来，但仍然远远高于战争之前的水平。同样在二战期间，美国的所得税从“阶级税”转变成了“大众税”，纳税人数量从1940年的700万增加到了1945年的4 200万。在美国历史上，累进税最高的年份是1944年和1945年，针对超出20万美元（相当于2009年的240万美元）部分的收入征收94%的税率。处于征收范围的纳税人谴责这样的高税率简直就是“没收财产”的行为，但此后20年，这一税率一直维持在80%以上的水平。二战结束后，许多其他国家也采取了类似甚至经常是极端的税务措施。在二战期间，英国的所得税最高税率甚至达到了令人瞠目的99.25%！[67]

有时候，国家对税收的主权权力会转化成多个领域切实的社会收益，比如有助于打造社会福利体系。但是，这些向完全“新生事物”的大规模转型基本都是为了应对来势汹汹的外部冲击或者潜在冲击带来的威胁。比如，二战导致大多数欧洲国家设立了终身制的国家福利体系。冷战也一样，资本主义国家的政府非常担心内部爆发共产主义起义，于是先发制人，制定了国家主导的发展模式。在这一模式下，国家官僚机构管理着从交通到能源的大部分经济部门，并且这种情况一直持续到20世纪70年代。

当前的形势则根本不同。在西方世界，国家的作用在过去几十年持续大幅下降。但是这次注定要有所改变，因为我们很难单纯依靠市场化解决方案来应对新冠疫情这般规模的外来冲击。几乎是一夜之间，新冠病毒让人们重新认识了私营领域和公共领域之间复杂而微妙的平衡关系，并且让天平倾向了后者。它展示了社会保障的效率，也表明将医疗和教育这样更加重大的责任推卸给个人和市场不符合社会的最大利益。有种观点认为，政府可以提供更好的公共产品，而缺乏监管的失控的经济发展会极大地破坏社会福利。几年前，这还是一个不太为人所接受的想法，但是如今陡然发生了令人惊讶的转变，成为一种普遍的社会观点。在衡量政府和市场关系的表盘上，指针已经明显地指向了政府一方。

自玛格丽特·撒切尔捕捉到了时代气息、宣称“没有社会这种东西”以来，政府第一次占了上风。后疫情时代的一切都促使我们反思政府的角色。根据经济学家玛丽安娜·马祖卡托的建议，政府不应只是简单地修复失灵的市场机制，而应当“积极塑造和打造市场环境，促进经济的包容性和可持续增长。政府还应当保证牵涉政府资金的商业合作关系是为了造福公众利益，而不是为了追逐利润”。[68]

政府将如何发挥其日益扩大的作用呢？“大”政府的一项重要条件已经具备，那就是政府以迅雷之势大大加强了对经济的控制。公共部门对经济运行的干预速度非常之快，力度也是前所未有的。2020 年 4 月，当新冠疫情开始席卷世界之时，各国政府就宣布了数万亿美元的经济刺激计划，相当于同时实行八九个“马歇尔计划”，来支持贫困人口的基本需求，竭尽全力维持工作机会，帮助企业在疫情中生存下来。各国央行决定削减利率，并致力于提供足够的流动性；与此同时，政府部门开始提高社会福利，直接发放现金，支付工资，暂停贷款和按揭贷款还款，还采取了许多其他对策。只有政府才有权力、能力和影响力来做出如此大规模的决策。如果没有政府的介入，经济灾难和社会崩溃可能已经来临。

展望未来，各国政府很有可能（尽管概率不同）得出如下结论：改革部分游戏规则和永久性强化政府的作用，最符合整个社会的利益。20 世纪 30 年代，正是通过强化政府的职责，美国才逐步解决了大规模失业问题和经济不安全问题。面对当前的形势，在可预见的未来，类似的行动方针可能会再度成为现实。我们在本书其他部分会谈到强化政府职能的形式（比如下一节要谈到的新型社会契约），但我们可以在此简要概述一些最显著的要点。

制定和改善医疗和失业保险制度。在市场化程度最高的盎格鲁-撒克逊国家，也要加强社会保障体系；必须实施改善失业福利、延长病假等各种社会保障措施来缓解冲击带来的影响，并在后续使之常态化。在许多国家，重新让工会参与进来将能加速这一进程。如此一来，股东价值将成为一个次要的考量因素，让位于利益相关者理念。多年来大行其道的世界金融化趋势很可能得到扭转。尤其是在英国和美国等受此趋势影响最深的国家，政府将被迫重新思考这种“迷恋于金融”的情结的诸多特点。它们可以酌情采取一系列广泛措施，比如取缔股份回购制度和禁止银行鼓励借贷消费。要加强对私营企业的公共监督，尤其要（但不限于）监督那些从公共资金中获益的企业。一些国家选择对这些企业实行国有化，有些国家则选择参股企业或为其提供贷款。总体来说，针对许多问题的监管都会加强，比如工人安全或者部分商品只能从国内采购等问题。关于社会和环境问题，政府也会向企业追责，要求它们参与解决问题。此外，政府会鼓励开展公私部门合作，推动企业更多地参与减缓全球风险。姑且不论细节如何，政府的作用会不断强化，并因此对企业的经营方式产生重大影响。世界各国、各行业的企业管理者都必须适应不同程度的政府干预。健康医疗和气候变化解决方案等全球公共产品的研发会积极推进。税率会增加，尤其是针对特权阶层的税率，因为政府需要增强抗风险能力，并希望加大投入力度。对此，约瑟夫·斯蒂格利茨提出下列主张：

> 首要任务是……为公共部门提供更多的资金，尤其要为复杂社会中专门防控各类风险的公共部门提供资金支持，同时还要资助推进科学研究和优质教育，为未来繁荣奠定基础。在这些领域，我们可以快速创造富有价值的工作机会，包括研究岗位、教师岗位以及相关机构的运营管理岗位等。即使我们能够战胜这场危机，我们也要意识到肯定有其他危

机潜伏在周围不远处。我们无法预测下一场危机是什么样子，但它肯定不同于上一场危机。[69]

根据国家和文化的不同，这样的政府干预既会产生积极作用，又会带来不利影响，但是它最能发挥作用的领域莫过于重新定义社会契约。

_ 社会契约

几乎难以避免的是，新冠疫情将迫使世界各国重新思考和界定社会契约的条款。本书前文已间接提到了下列事实：新冠疫情放大了此前已经存在的各种问题，凸显了结构性弊病从未消除所带来的根深蒂固的问题。面对这样的社会失调和对现状的最新质疑，人们强烈呼吁重新调整对每个人产生约束的社会契约。

从广义来讲，“社会契约”是指管理个人和制度之间关系的一整套（通常比较模糊的）安排和期望。简而言之，它是社会的“黏合剂”。没有它，社会结构就会瓦解。几十年来，社会契约以非常缓慢甚至不易被察觉的方式，强迫个人对其生活和经济发展成果承担了更大责任，使大部分社会群体（尤其是低收入群体）得出了这样的结论：社会契约正在遭受破坏，甚至在某些情况下已经完全崩塌。人们对无通货膨胀或低通货膨胀的明显错觉就切实而生动地阐述了社会契约被破坏会如何影响现实生活。多年来，世界各地许多商品和服务的通货膨胀率确已下降，但对于我们绝大多数人来说最为重要的三样东西——住房、医疗和教育是例外。这三者的价格急剧攀升，占用了越来越多的居民可支配收入，甚至在一些国家，人们不得不借债才能接受医疗。同样，在新冠疫情暴发之前，许多国家的就业机会不断增加，但与就业率提高相伴发生的是收入增长停滞和工作极化。这一趋势的发展结果就是，绝大多数人口的经济福利和社会福祉受损，他们的收入再也不足以承担相对体面的生活（包括无法再位于发达国家的中产阶级之列）。今天，导致人们不再信任社会契约的各种根本原因主要集中于不平等、大多数再分配政策失效、人们感到遭受排斥或被边缘化，以及感到社会不公的普遍情绪等问题。在此情况下，许多公民已经开始谴责社会契约的崩塌，并日益普遍、有力地表达了对制度和领导者的不信任。[70]公众普遍的愤怒在有些国家会演变成为和平或暴力的游行示威，而在有些国家会导致民粹主义和极端主义政党上台。无论是哪种形式，几乎在所有的情形下，现有政权的应对措施都是不力的，往往对叛乱准备不足，或者缺少解决问题的思路和政策。尽管这些问题错综复杂，但政策解决方案还是存在的，大体可以通过赋权人民和响应呼声、缔造更加公平的社会契约来改革整个社会福利制度，应对当今世界的最新变化。过去几年中，多家国际组织和智库已经顺应这一新的现实，提出了改革社会制度的若干建议。[71] 新冠疫情则是加速这一转型的转折点，它让原有的社会弊端清晰可见，使得回到疫情之前的社会状态变得不可能。

新的社会契约会以什么形式呈现呢？实际上，并没有现成可用的模式，因为每一项潜在的解决方案都取决于特定国家的历史文化。对于中国和美国来说，“好的”社会契约必然各有不同。同样，这两国的社会契约肯定也区别于瑞典或尼日利亚的社会契约。这完全可以理解。但是，各国之间的社会契约存在一些共同的特点和原则，而且新冠疫情造成的社会经济后果凸显了这些特点和原则的绝对必要性。其中两个最重要的共同特点和原则如下。

> 第一，广泛（虽然不一定是普遍）提供社会救助、社会保险、医疗和优质的基础服务。
>
> 第二，致力于为工人和目前处于弱势地位的群体（比如那些在零工经济部门工作或者推动零工经济发展的人。在这些经济部门，全职员工已被独立的合同工和自由职业者取代）提供更强大的社会保障。

人们常说，一个国家对自然灾害的应对措施集中反映了自身的优势和劣势，尤其体现了社会契约的“质量”和稳健性。随着最严峻的疫情时期逐步过去，我们应该开始通盘审视经验教训，进行深刻的自我反省，最终对社会契约的各项条款做出重新界定。在疫情防控措施低于正常水平的国家，许多公民开始提出严肃的问题。比如，在疫情肆虐的严峻时刻，我的国家为什么总是缺乏口罩、呼吸机和呼吸器呢？国家为什么没有准备足够的这些物资？这是因为长期追求短期利益导致的吗？我们的 GDP 那么高，但是为什么不能有效地向急需救助的人群提供良好的医疗服务呢？一名医生往往要接受 10 多年的专业训练，其年终“业绩评估”往往取决于在救死扶伤方面的表现，但其薪资水平为什么远远不及一名交易员或对冲基金经理呢？

新冠肺炎疫情暴露了大多数国家医疗卫生体系的不足：医护人员数量不足，病患医疗成本高昂。在富裕国家，出于对提高税率的政治担忧，靠税收支撑的医疗服务体系长期面临资源不足的情况（英国的国民医疗服务体系就是一个极端的案例），而随着人们日益意识到“有效的管理”并不能抵消投资不足的影响，他们对于提高医疗开支（因此提高税收）的呼声将会越来越高。

新冠疫情也揭示了大多数福利体系存在的巨大差距。一个显而易见的事实是，用最具包容性的方式来应对疫情的国家，往往也是精心规划了福利体系的国家，特别是北欧国家。比如，早在 2020 年 3 月，挪威就保障了自由职业者 80% 的平均收入（依据前三年的纳税申报情况），丹麦的这一比例为 75%。市场化水平最高的经济体则奋力追赶，但未能采取果断措施来保护劳动力市场的弱势群体，特别是零工经济从业者、独立合同工或临时工，这部分劳动力从事的就业活动往往游离在传统的雇佣关系之外。

对新的社会契约产生决定性影响的一个重要方面可能是病假制度。经济学家偏向于认为，如果没有带薪病假制度，会加大疫情防控的工作难度，原因就在于如果员工没有带薪病假，他们很可能在感染病毒的情况下仍然选择或被迫继续工作，从而加重疫情的传播。对于低收入者和服务行业的从业者（低收入者往往正来源于服务行业）来说，尤其如此。2009—2010 年猪流感（HIN1）暴发时，美国公共卫生协会预计感染人数约为 700 万，死亡人数约为 1 500，因为已经感染的员工承担不起不工作的代价。在发达经济体中，只有美国的劳动法规定，雇主有权自行决定是否提供带薪病假。2019 年，约有 1/4 的美国劳动者（约有 4 000 万人，大多数为低收入者）没有享受过带薪病假。2020 年 3 月，新冠疫情开始在美国肆虐，特朗普总统签署新的法令，要求各行各业雇主为员工提供两周带有部分薪水的病假和家庭休假，但只针对需要看护孩子的员工。这一最新政策将如何重塑美国的社会契约尚待观察。相比之下，几乎所有的欧洲国家都要求雇主提供长短不一的带薪病假，且在此期间不得解雇员工。这些国家在新冠疫情暴发初期颁发的新法律规定，对于居家隔离的员工，包括零工经济从业者和自由职业者，国家将为其补偿部分或全部薪水。在日本，所有员工每年最多可享受20天带薪假期。在中国，所有员工都能享受带薪病假，病假期间的日工资为平时的60%~100%，而病假的长度由雇佣合同规定或者由员工和雇主双方商定。按此趋势发展下去，我们有理由相信这些措施会越来越有助于重塑社会契约。

在西方民主社会，社会契约的另一个关键因素是自由。当前，人们日益担忧的一个问题是，应对新冠疫情和未来其他流行病的各项对策会导致“长期监控型”社会的出现。本书下文中有关技术重构的章节将详细分析这一问题，但毫无疑问，只有当一项威胁具有公共性、普遍性且关乎生死存亡时，国家才能宣布进入紧急状态。此外，政治理论家经常强调，行使非常规的权力需要获得人民的授权，且权力的行使必须有时间和范围的限制。我们可能会赞成这一主张的前半部分（公共性、普遍性且关乎生死存亡的威胁），但后半部分呢？我们期待能够引发关于这一重要问题的深入讨论，共同畅想社会契约的未来图景。

共同重塑社会契约的条款是一项划时代的任务，它通过应对当前的艰巨挑战，为未来播下希望的种子。亨利·基辛格提醒我们：“领导者面临的历史性挑战在于，要在管理危机的同时缔造未来。如果失败，世界将面目全非。”[72] 在构思未来社会契约框架的过程中，忽视年青一代的观点将会给我们带来风险，因为毕竟他们才是未来社会契约的履行者。他们是否遵守社会契约具有决定性意义，因此为了更好地了解他们的需求，我们必须倾听他们的呼声。一个更加重要的事实是，年青一代比年老一代更具革新精神，更愿意改革我们的社会契约。新冠疫情已经颠覆了他们的生活：全球范围内，整整一代人深受经济和社会不稳定的影响，而在经济衰退最严重的时刻，还将有数百万年轻人加入劳动力队伍。他们将永远带着新冠疫情给他们留下的伤痛。此外，在背负债务的情况下开启职业生涯（许多学生有教育贷款在身），有可能会对他们产生长期影响。从收入、资产和财富角度看，千禧一代（至少在西方世界）的境遇不如父母一辈。和父母一辈相比，他们购置房产、生育子女的可能性更小。如今，又一代人（Z 世代）正在进入一个在他们看来十分失败的社会体系，而新冠疫情揭示和加剧的许多根深蒂固的问题会继续困扰这一社会体系。正如《纽约时报》引用的一名大三学生所言："年轻人非常渴望深刻的社会变革，因为我们看到前方道路已经支离破碎。"[73]

这一代人将做出何种反应呢？或许他们会建议采取根本性解决方案（通常是较为激进的行动），来防范气候变化或社会不平等问题可能引发的下一场灾难。他们最有可能要求采取激进措施来改变现有的发展道路，因为支离破碎的现行制度让人绝望，让这一代人感到沮丧和痛苦。

青年激进主义正日益成为世界性思潮[74]，社交媒体通过以往难以实现的方式，大大加强了其动员社会的能力，推动这一思潮渐成革命之势。[75] 青年激进主义有多种形式，既有可能是非制度化的政治参与，又有可能是游行示威和抗议活动，但都致力于解决气候变化、经济改革、性别平等和 LGBTQ 群体（女同性恋者、男同性恋者、双性恋者、跨性别者和心理性别不明者）权利等广泛的社会问题。年青一代是致力于社会变革的先锋力量。毫无疑问，他们将成为社会变革的推动者和实现世界大重构的重要力量源泉。

第四章

地缘政治的重构

地缘政治和新冠疫情呈双向互动关系。一方面，多边主义在混乱中终结，全球治理格局出现真空，各种形式的国家主义不断兴起[76]，这使得新冠疫情防控工作难上加难。新冠病毒在全球范围内快速传播，影响到了每一个人，而与此同时，地缘政治断层导致各国社会相互割裂，促使许多领导人关注国家层面的疫情防控——这样的局面限制了集体行动的效果，降低了消除疫情的能力。另一方面，新冠疫情明显加剧和加速了疫情暴发之前就已经出现的地缘政治趋势。那么，地缘政治事务以往有何特点，现状又如何？

已故经济学家、瑞士洛桑国际管理发展学院教授让-皮埃尔·雷曼非常敏锐地总结了当今形势："新的全球秩序尚未到来，我们正走向一种混乱的不确定性。"最近，美国亚洲协会政策研究所所长、澳大利亚前总理陆克文也表达了类似的意见，他明确表示担忧“后疫情时代即将到来的无政府状态”，并且指出：“各类猖獗的国家主义代替了秩序和合作。国家和国际层面的抗疫行动十分混乱，预示着可能会产生更加广泛的疫情后果。”[77]这一趋势已酝酿多年，个中原因相互交织，但导致地缘政治形势不稳的根本因素是权力由西向东的渐进式转移。这一转型带来了压力，导致全球格局陷入无序状态。所谓的“修昔底德陷阱”准确描绘了这一趋势——中国这样一个崛起中的大国挑战美国这样一个现存的大国，会给全球地缘政治系统带来结构性压力。未来数年，这种力量冲突会导致混乱、无序和充满不确定性的世界格局。不管你是否“喜欢”美国，它逐步退出国际事务（相当于英国历史学家尼尔·弗格森所称的“锥形地缘政治格局”）注定会让国际形势动荡不安。曾经依赖美国“霸主”提供全球公共产品（如海上航线安全、国际反恐斗争等）的那些国家越来越发现，它们将不得不照料自己的后院。21世纪最有可能出现的世界格局是，单一霸权统领世界的时代离我们而去，权力和势力范围在混乱甚至是相互憎恨的状态下进行重新分配。

在混乱的新世界中，力量格局向多极化转变，各国竞相争夺势力范围，各类冲突和矛盾将不再受意识形态支配，而是由国家主义和资源竞争所激发。如果没有一个国家来强制恢复秩序，世界就会进入“全球秩序缺失”的状态。如果各个主权国家和国际组织不能找到更有效的全球合作之道，我们很可能就会进入“熵时代”，力量收缩、分化、愤怒和狭隘主义将逐渐成为世界格局的主要特点，使其变得更加难以理解、更加混乱。新冠疫情危机暴露且加剧了这一可悲的现状，它所带来的冲击和后果是如此严重，我们不能排除任何一种极端场景发生的可能。一些失败国家或石油国家从内部开始分裂，欧盟解体，中美关系崩塌进而引发两国战争：所有这些以及其他场景现在都已变得可能发生（虽然我们希望这一切不可能发生）。

接下来，我们将考察后疫情时代会更加普遍出现且相互关联的四大问题：全球化的衰退、全球治理的缺失、中美对抗的加剧以及脆弱国家和失败国家的命运。

_ 全球化和国家主义

全球化是一个万能词语，它是一个宽泛而模糊的概念，指商品、服务、人员、资本甚至是数据在世界各国之间的交流与交换。全球化帮助数亿人口摆脱了贫困，但多年来也饱受质疑，甚至已经开始衰退。如前文所强调的那样，当今世界的互联互通已经达到前所未有的水平，但过去10多年来，催生了全球化并推动了全球化发展的经济和政治动力不断减弱。全球贸易谈判早在21世纪初就已经开始，但迄今尚未达成协议。而与此同时，在政治和社会层面，反对全球化的声音却在持续增强。随着全球化非对称效应导致的社会成本不断增加（尤其是高收入国家制造业工人的失业率越来越高），2008年金融危机后的金融全球化风险也日益提高。上述因素共同发挥作用，导致世界各地（尤其是西方社会）民粹主义和右翼政党的崛起。这些政党上台执政后，往往会回归国家主义，推行孤立主义议程，而这两大理念与全球化恰好相反。

全球经济已经错综复杂地交织在一起，因此想终结全球化不太可能。但是，减缓全球化甚至逆转全球化趋势还是有可能的。我们预计，新冠疫情就可以发挥这样的作用。它引发了报复心理，让国与国之间重新树立了边界，并不断演变成为极端的趋势，最终于2020年3月全面爆发，成为真正意义上的全球大流行病，影响到了每一个国家。在此期间，许多国家采取了更加严格的边境控制措施（主要是担心移民问题）和贸易保护主义举措（主要是担心全球化）。为了控制疫情传播而加强边境管控当然无可厚非，但是民族国家的复兴也确实可能会逐步导致国家主义的兴起。丹尼·罗德里克提出的"全球化三难选择"框架就描述了这一现实。刚进入21世纪，全球化就开始变成一个敏感的政治和社会问题，根据这位哈佛大学经济学家的解释，这是国家主义兴起带来的不可避免的后果。"全球化三难选择"框架认为，经济全球化、政治民主和民族国家是不可调和的三个概念，其中只有两个能在任何一个时间点有效共存。[78] 只有全球化得到控制，民主和国家主权才能和谐共存。相比之下，如果民族国家和全球化繁荣发展，那么民主就会难以实现。如果民主和全球化持续发展，那么民族国家就会失去生存空间。因此，我们只能三选二——这就是三难选择框架的核心所在。欧盟经常被用作案例，来阐述这一概念性框架的相关性。如果要把经济一体化（全球化的代称）和民主结合起来，就意味着必须在超国家层面做出重要决策，这或多或少就会弱化民族国家的主权。在当前环境下，“政治上的三难选择”框架是指如果不想放弃一些国家主权或民主，我们就必须要遏制全球化的发展。因此，在世界上的大多数地区，国家主义的兴起就决定了全球化不可避免地会出现倒退——这一趋势在西方国家尤为明显。英国通过全民公投实现“脱欧”以及保护主义倾向比较明显的特朗普当选美国总统，就是西方世界反对全球化浪潮的两大标志性事件。后续的研究不仅验证了罗德里克的理论框架，还证明了在经济表现强劲、社会不平等严重的情况下，选民对全球化的抵制完全是一种理性的反应。[79]

渐进式去全球化的最显著特征表现在其核心领域：代表全球化的全球供应链。全球供应链为何会呈现这样的特点呢？供应链的缩短或再次本地化有两大动力：第一，企业认为它是一项风险减缓措施，能够防范供应链中断（在供应链韧性和效率之间进行权衡取舍）；第二，来自左右党派的政治压力。自 2008 年以来，扩大产业本地化一直是许多国家（尤其是西方国家）的一项重要政治议题，在后疫情时代这一趋势会加剧。从右翼政治势力来看，抵制全球化的主要推动力量是保护主义者和倡导国家安全的鹰派分子，他们早在疫情开始之前就已经在积蓄力量。如今，他们会联合起来，甚至携手其他拥抱反全球化浪潮的政治力量。从左翼政治势力来看，激进主义者和环保团体此前就一直在诋毁航空旅行并要求抵制全球化，而本次新冠疫情对环境的积极影响（大大降低了碳排放量、空气污染和水污染水平）更是坚定了他们的态度。即使没有极右派和环保激进派的政治压力，许多政府也将意识到贸易依赖在某些情况下已经失去了政治可行性。比如，美国政府如何能接受国内市场供应的97%的抗生素都产自中国呢？[80]

逆全球化进程不可能在一夜之间完成；缩短供应链不仅极具挑战性，而且需要付出高昂的成本。比如，如果要全面彻底地和中国脱钩，美国企业就必须投入数千亿美元来建设新的工厂，政府也必须要投入同样巨额的资金来建设基础设施，包括机场、交通枢纽和房产，来为新建的供应链提供服务。虽然在有些情况下，脱钩的政治意愿超过了实际的能力，但长远的趋势无疑非常明确。日本政府采取的行动就体现了这一点，它从108万亿日元的经济刺激计划中拿出2 430亿日元来帮助日本企业将经营活动迁出中国。美国政府也曾在多个场合暗示要采取类似措施。

全球化最有可能的结果是一个比较折中的解决方案：区域化。欧盟自由贸易区的成功以及亚洲地区新设立的“区域全面经济伙伴关系”（因东盟十国发起的自由贸易协议）就是非常重要的案例，说明了区域化可以成为全球化的缓和版本。如今，北美自由贸易区三国内部的贸易量已超过其与中国或欧洲的贸易量。帕拉格·康纳指出：“在新冠疫情暴露出基于远距离的相互依存关系具有很多漏洞之前，区域主义已经开始明确地代替全球主义”。[81] 多年来，除了中美之间的部分直接贸易外，全球化（按商品贸易衡量）越来越以区域内部的贸易为主，而区域之间的贸易往来不断弱化。20 世纪 90 年代早期，北美地区吸收了东亚地区 35% 的出口，而这一比例今天已经下降至 20%，这主要是因为东亚内部的贸易份额在逐年上升——随着亚洲国家不断提升在价值链上的位置，它们需要消费更多自己生产的产品，这一变化也是自然而然的。2019 年，随着中美发生贸易争端，美国与加拿大、墨西哥的贸易不断增加，而与中国的贸易不断减少。与此同时，中国与东盟的贸易额首次超过 3 000 亿美元。简言之，去全球化的趋势已经发生，主要表现为区域化不断发展。

新冠疫情会加速这一全球分化趋势，北美洲、欧洲和亚洲将把重点逐渐转向区域内部的自给自足上，而不是依赖此前作为全球化代表的遥远且错综复杂的全球供应链。那么全球分化会以何种方式呈现呢？有可能是提前终结全球化但又催生区域化的一系列事件。从1914年之前一直到1918年，逆全球化的浪潮风起云涌，到20世纪20年代有所缓和，但是到了30年代由于经济大萧条而再次抬头，导致关税和非关税壁垒增加，摧毁了大量企业，让当时的大型经济体苦不堪言。历史很有可能再次重演。当前，关于推动实现产业回流的呼声很高，不仅包括医疗服务业和农业，还应包括大宗非战略性产品。极右和极左政治势力将利用这次疫情危机，积极推进贸易保护主义议程，设置更高的壁垒，阻止资本商品和人员的自由流动。2020年前几个月开展的几项调查显示，跨国企业害怕美国国内保护主义的回归和加剧，因为这不仅涉及贸易，而且涉及跨境企业并购和政府采购。[82] 美国采取的行动措施势必会波及其他地区，促使其他发达经济体忽略专家和国际组织关于避免保护主义的呼吁，采取强化贸易和投资壁垒的举措。

这种令人沮丧的场景并非不可避免，但在未来几年，我们预计国家主义和开放主义之间的矛盾将在以下三大关键领域愈演愈烈：全球机构、贸易和资本流动。最近，全球机构和国际组织要么被削弱，比如世界贸易组织或世界卫生组织，要么没能完成工作职责，后者更多是因为“投资不足且管理过度”[83]，而不是因为自身能力不足。

正如前文所述，随着企业纷纷缩短供应链，确保其不再依赖某一个国家或海外企业来供应关键零部件，全球贸易几乎肯定会萎缩。对于一些特别敏感的行业（比如制药或医用材料）和涉及国家安全利益的领域（比如电信或能源生产），这种产业分散化的趋势将会持续下去。在美国，这已经成为一项要求。如果这种态度不会传播到其他国家和其他行业，那才是非常奇怪的事情。地缘政治也会通过所谓的“贸易武器化”给经济带来一些损害，从而引发全球化企业的担忧，它们担心再也不能根据国际法，按照有序的、可预测的方式解决贸易争端。

至于国际资本流动，国家当权者和公众的反对将会对其形成限制，这似乎是一目了然的事情。澳大利亚、印度和欧盟等许多国家和地区采取的措施已经表明，在后疫情时代，保护主义因素将变得极其普遍。相关措施可能会包括：国家政府购买“战略性”企业的股份，防止其被外资企业收购；针对外资企业的收购，设置形式多样的限制性规定；外商直接投资要获得政府批准。比如，在 2020 年 4 月，美国政府决定阻止一只公共养老基金对中国进行投资。

未来数年，由于国家主义的抬头和国际分化进一步加剧，部分程度的去全球化似乎难以避免。试图恢复原状毫无意义（“超级全球化”已经失去了所有的政治和社会资本，维护它不再具有政治可行性），但必须预防自由落体式下降所带来的负面影响，避免其造成重大的经济损失和社会伤害。仓促地退出全球化将会导致贸易和货币战争，损害每一个国家的经济，引发社会浩劫，并触发民族国家主义或宗派国家主义。要管理全球化倒退的问题，唯一可行的方式是实现更加包容、公平的全球化，使之具备社会层面和环境层面的可持续性。为此，就必须实行政策解决方案（后文将提及）并开展有效的全球治理。那些传统上受益于国际合作的全球化领域，比如环境协定、公共卫生和避税港，是有可能取得切实进展的。

但这些只有通过改善全球治理才能实现——它是对抗保护主义倾向最“自然而然”、最有效的缓解因素。但是，在可预见的未来，我们尚不清楚这一框架会如何变化。目前出现的不祥预兆表明，它没有朝着正确的方向迈进。我们已经没有时间可以浪费了。如果我们不能改善国际机构的功能性和正当性，世界很快就会变得难以管理，从而陷入非常危险的境地。如果没有一个全球性、战略性的治理框架，世界就不可能迎来持久的复苏。

全球治理

全球治理通常是指跨国行为主体之间为了解决全球化问题（影响多个国家或地区的问题）而建立的合作机制，它包括指导民族国家以更加稳定、更可预见的方式来应对跨国挑战的各类机构、政策、准则、程序和倡议。该定义明确了下列事实：如果没有国家政府之间的合作，如果国家政府没有开展行动和制定法律的能力来支持其目标，那么针对任何全球性问题的全球行动都注定是无力的。民族国家让全球治理成为可能（由一个国家领导其他国家），因此联合国认为“有效的全球治理离不开有效的国际合作”。[84] 全球治理和国际合作这两个概念是如此紧密相连，以致在各国力量不断收缩、分化的四分五裂的世界，全球治理不可能兴盛。国家主义和孤立主义越是影响全球政治，全球治理就越有可能失去意义和效果。令人难过的是，我们此刻就处于这样的关键时刻。坦白来说，我们生活在一个无人掌舵的世界。

新冠疫情提醒我们，我们面临的最大问题实际上是全球性问题。无论是大流行病、气候变化，还是恐怖主义或国际贸易，都是全球性问题，唯有通过合作才能解决这些问题并缓解它们带来的风险。但是，世界已经变成伊恩·布雷默笔下的“G0”（零国集团）世界，或者更糟糕——已经变成了印度经济学家阿文德·萨勃拉曼尼亚[85] 所称的“G-2”世界（指相对于由 7 个最富裕国家组成的七国集团，或者由七国集团加上另外 13 个重要国家和组织构成的二十国集团，由中美两大巨头发挥世界领导力。但如今，这样的领导力已缺位）。一个日益明显的趋势是：困扰我们的许多大问题往往超出了最强大国家的控制；其风险和需要应对的问题日益全球化、相互依存和相互关联，而相应的全球治理能力受国家主义兴起的影响正面临失败的危险。这样的脱节导致最重大的全球问题只能通过高度分散和力度不足的方式来解决，而且这些问题如果不能得以恰当解决就会进一步加剧。因此，它们不仅不会恒定不变（针对其造成的风险而言），而且会不断膨胀，最终让系统更加脆弱。前文中的图已经显示了这样的关系。全球治理的失败、气候行动的失败、国家政府的失败（会产生自我强化效应）、社会不稳定以及能否有效应对大流行病等因素之间，存在强大的相互关联性。总而言之，全球治理是解决所有其他问题的关键。因此，问题就在于，没有恰当的全球治理，我们可能就会无力应对全球挑战，在短期的国内紧急任务和长期的全球性挑战相互冲突的情况下尤为如此。这是一个非常令人担忧的问题，因为当今世界，我们缺乏一个“拯救世界委员会”（这个表述出现在20多年前亚洲金融危机最严重的时期）。如果进一步探究这个观点，我们甚至可以说弗朗西斯·福山在《政治秩序和政治衰败》一书中提出的“整体制度性衰败”[86]充分阐述了在全球治理缺失的情况下世界面临的种种问题。“制度性衰败”触发了一个恶性循环，让民族国家拙劣地处理困扰它们的重大挑战，导致公众失去对国家的信任，进而导致国家失去权威和资源，最终导致国家更加糟糕的表现，既无力也不愿处理全球治理的各项问题。

新冠疫情只是提供了全球治理失败的一个案例而已。中美关系紧张进一步强化了全球治理领域本已存在的真空局面，影响了应对新冠疫情的国际努力。疫情暴发之初，国际合作根本不存在或者非常有限。即使到了最需国际合作的阶段（2020 年第二季度是疫情防控的决定性阶段），国际合作仍然严重缺失。新冠疫情未能触发全球范围内的一系列协调行动，而是引发了恰好相反的局面：各国纷纷关闭边境；几乎在未经任何协调的情形下限制国际旅行和贸易；医疗物资供应频频中断；各国竞相争夺资源，尤其是有几个国家通过各种途径竭尽所能地采购急需的医疗设备，更是凸显了这一点。即使在欧盟内部，各成员国一开始也是各自为政，不过它们后来改变了行动策略，为彼此提供切实支持，修改欧盟预算以支持医疗系统建设，并筹集资金来研发治疗方法和疫苗。（目前，欧盟已经制定了雄心勃勃的疫情防控措施，尤其是欧盟委员会提出建立规模达 7 500 亿欧元的疫后复苏基金，这在疫情暴发前是难以想象的。这些行动措施有望推进欧盟一体化进程。）在一个运转有序的全球治理框架下，各国应当齐心协力，共同发起一场协调有序的全球疫情防控“战”。但现实情况是，“本国优先”的策略大行其道，严重影响了旨在控制第一波疫情的国际行动，同时也限制了防护装备和治疗手段的可用性，这反过来降低了国家医疗卫生体系的韧性。此外，这种各自为政的策略进一步危及了协调各国“退出”政策的国际行动，不利于“重启”全球经济引擎。和“9 · 11 恐怖袭击事件”以及 2008 年全球金融危机等近年来的其他全球性危机相比，全球治理体系在本次新冠疫情面前失灵了，可以说毫无存在感或者说出现了功能失调。美国单方面决定从世界卫生组织撤资，但实际上，无论这一决定背后的逻辑是什么，世界卫生组织依然是能够协调国际行动、共同应对疫情的唯一组织。虽然它还远远不够完美，但是它的存在毕竟好过根本没有这样一个组织。比尔·盖茨在一条推文中就简洁而有力地表达了这样一个观点："世界卫生组织开展的工作延缓了新冠病毒的传播，如果它的工作停掉，则没有任何一个组织能够取而代之。世界比以往任何时候都更加需要世界卫生组织。"

疫情防控的失败并非世界卫生组织的过错。这一联合国专门机构只是全球治理失败的症状，而非根源。世界卫生组织对资金捐赠国的毕恭毕敬反映了它对成员国的完全依赖，因为只有成员国同意合作，它才能顺利运转。世界卫生组织没有强制要求成员国共享信息或实施疫情防控措施的权力。和其他联合国专门机构（比如专门协调人权事务或气候行动的专门机构）一样，世界卫生组织拥有的资源非常有限而且还在不断减少：2018 年，它的年度预算为 42 亿美元，和世界上任何一国的卫生预算相比都不值一提。另外，它长期受成员国支配，缺乏有效的工具，无法直接监测疫情，无法开展疫情防控规划，无法确保相关措施在国家层面被有效落实，更无法为那些急需帮助的国家提供资源。这样的功能失调充分体现了全球治理体系的支离破碎，但人们尚未针对下列问题形成共识：能否对联合国和世界卫生组织等现行的全球治理机构进行改革，使之更好地应对当今世界的全球性风险。目前最重要的是，在全球治理如此缺失的情况下，只有民族国家拥有足够的社会凝聚力，能够进行集体决策，但是当全球性风险来临、需要协调一致的全球性决策时，这套模式就发挥不了作用了。

如果我们不能修复多边机构，世界将危机四伏。在大流行病危机过后，全球协调的必要性将更加突出，因为如果没有持续的国际合作，全球经济根本无法“重启”；如果没有国际合作，我们将面临一个“更加贫穷、平庸和狭窄的世界”。[87]

_ 中美对抗的加剧

后疫情时代，人们会认为新冠疫情是一个转折点，它开启了中美之间的“新型冷战”（“新型”两个字特别重要：和苏联不同，中国并没有在世界范围内强行灌输其意识形态）。[88] 在新冠疫情暴发之前，这两个大国已经在多个领域（如贸易、知识产权、中国南海军事基地，特别是战略性行业的科技投资等领域）积聚了越来越多的矛盾，经过 40 年的战略接触，美国和中国似乎仍然无法填补双方之间的意识形态差异和政治鸿沟。疫情不仅没有把这两个巨大的地缘政治力量团结在一起，反而进一步加剧了双方的对抗和竞争。

大多数分析人士认为，在新冠疫情危机期间，中美两大巨头之间的政治和意识形态裂痕进一步扩大了。中国知名学者、北京大学国际关系学院原院长王缉思认为，新冠疫情带来的不利影响导致中美关系处于1979年两国正式建交以来的最低谷。根据他的观点，两国的经济和技术脱钩“已经不可逆转”。[89] 北京全球化智库理事长王辉耀则警告称，如果中美关系进一步恶化，可能会导致“全球系统一分为二”。[90] 甚至多国政要也公开表达了他们的忧虑。在2020年6月发表的一篇文章中，新加坡总理李显龙提醒国际社会防范中美对抗带来的严重危险，他表示“中美两国的紧张关系引发了有关亚洲未来和新兴国际秩序形态的深刻问题”，并补充指出：“包括新加坡在内的东南亚国家尤其感到担忧，因为它们处于各个大国利益的交汇点上，必须避免被夹在中间或被迫做出令人不快的选择。”[91]

至于哪个国家是“正确的”，或者哪一个国家能够利用对方的弱点和漏洞，最终“压制对方”，各方观点存在巨大差异。但是，还是要具体情况具体分析。实际上，观点没有“对”与“错”之分。对中美竞争格局的解读之所以有所不同，甚至大相径庭，通常与观点持有者的背景、文化和个人经历有关。如果深入剖析前文提过的“量子世界”这一比喻，量子物理学就会告诉我们，并不存在客观现实。我们认为观察和测量能够确定一个“客观”的意见，但是由原子和粒子组成的微观世界（而地缘政治是一个宏观世界）受制于各种奇怪的量子力学规则。在此规则下，两名不同的观察者有权形成各自不同的观点（这就是所谓的“叠加原理”：“质子可以同时分布在多个不同的地方，并呈现出不同的状态”）。[92] 在国际事务领域，如果两名观察者有权表达不同的见解，则他们的主观性难以避免，但这并不影响见解的真实性和合理性。如果一名观察者能够通过多个特殊镜头掌握“真实情况”，就会迫使我们反思“客观性”这一概念。显而易见的是，观察者的立场决定了其对现实的描述。从这个意义上看，“中国”观点和“美国”观点可以共存，两者之间也可能会存在别的观点——它们都是真实的观点！可以理解的是，1840 年爆发的鸦片战争让中国遭受了屈辱，西方八国联军在 1900 年对北京和中国其他城市进行掠夺，并要求中国进行了赔款，这些历史在很大程度上塑造了中国对世界的看法，也影响了它对自身在世界上所处地位的看法。[93] 而与此相反的是，美国对世界及其自身地位的看法在很大程度上取决于一系列价值观和原则，这些价值观和原则自美国建国以来一直深刻影响着美国的公共生活。[94] 250 年来，这些价值观和原则既奠定了美国在世界上的领导地位，又形成了对大量移民人口的独特吸引力。美国视角植根于过去几十年它对世界事务无可匹敌的统治力，也源于它的绝对领导力相对下降所引发的不可避免的怀疑感和不安全感。马凯硕观察指出，中美两国都对自身的历史（中国更是拥有 5 000 年的历史）深感自豪，这完全可以理解，但这也会让两国高估自己、低估对方。

研究中国、美国或中美两国的分析人士和预言家能够获得的数据和信息相差无几（毕竟这些现已成为全球化商品），所见、所闻和所阅也无甚差别，但有时候还是会得出截然相反的结论。有人认为美国最终会胜出，有人认为中国已经赢得竞争，还有人认为最终这场竞争中没有赢家。接下来，我们依次简要介绍这三种观点。

中国胜出

持这一观点的人认为新冠疫情让中国受益，但暴露了美国的弱点，其主要论据如下。

第一，面对微观世界的无形敌人，美国虽拥有世界上最强大的军事力量，但无任何用武之地。

第二，用美国学者的话来说，新冠疫情损害了美国的软实力，因为“美国的疫情防控措施软弱无力”。[95]（重要声明：至于公共体系对新冠疫情的反应是“有力的”还是“软弱无力的”，这一问题引发了各式观点，并导致各方争论不休。然而，要给出这一问题的答案还为时尚早。比如在美国，政策响应很大程度上是每个州甚至每个城市的职责。因此可以说，美国并没有统一的国家对策。因此我们这里讨论的对象是深刻影响了公众态度的各种主观意见。）

> 第三，新冠疫情暴露了美国社会中令人震惊的一面，包括严重不平等、全民医疗覆盖不足，以及“黑人的命也是命”运动所展现的系统性种族问题。

马凯硕是研究中美两国对抗的有影响力的专家。上述因素促使他认为[96]，新冠疫情颠倒了两个国家在应对自然灾害和提供国际援助方面的角色。以往，美国总是率先为急需援助的地区提供援助（比如2004年12月26日，特大规模的海啸袭击印度尼西亚时），而如今这一角色属于中国。2020年3月，在欧盟无能为力的情况下，中国向意大利提供了31吨的医疗物资（包括呼吸机、口罩和防护服）。在马凯硕看来，有60亿人口分别住在191个国家，组成了“世界上的其他地区”。这些人已经开始准备迎接中美地缘政治竞争。他认为，这些人的选择决定了谁将赢得这场竞争，而他们的选择将取决于“按照冷冰冰的理性演算，对中国和美国能为其提供的益处进行成本效益分析”。[97]情感因素发挥的作用可能不大，因为所有这些国家的选择是基于中美两国最终谁能帮助它们提高民众生活水平，但是大多数国家并不想陷入一场地缘政治的零和游戏，而是希望保持开放式的选择（比如避免被迫在中美之间进行选择）。但是，华为事件已经表明，美国正在给法国、德国和英国这些传统盟友施加压力，迫使它们进行选边站队。在中美对抗不断加剧的背景下，面对如此艰难的局面，各国最终的选择将决定中美之间谁将胜出。

美国胜出

在认为美国最终将胜出的阵营中，主要观点都是围绕美国内在的优势以及中国的结构性硬伤。

支持“美国胜出”的人士认为，目前还难以确定后疫情时代美国的领导地位是否会突然终结。他们提出如下观点：从相对层面来看，美国的地位可能正在下降，但从绝对层面来讲，美国仍然是不可战胜的霸主，并将继续拥有难以撼动的软实力；美国在全球范围内的吸引力或许有所下降，但美国大学国际战略的成功和美国文化产业的魅力表明，美国依然有着强大的吸引力。此外，作为一项全球性货币，美元在国际贸易中的统治地位和安全性目前基本没有遭受挑战。所有这些都能转化为强大的地缘政治实力，帮助美国政府将一些企业甚至是国家（比如伊朗或委内瑞拉）从美元体系中排挤出去。正如前文所述，美元在世界上的领先优势将来或许会有所改变，但在未来几年中还没有哪种货币能取而代之。更重要的是，认为美国具有“不可约性”的人会挑战鲁奇尔·夏尔马的观点，认为“美国的经济霸权反复证明了衰落主义者的错误”。[98] 他们也会同意温斯顿·丘吉尔的看法，后者认为美国拥有一种天生的能力，能够从历史错误中学习，当所有替代性手段用完之时，美国定能做出正确的举动。

抛开剑拔弩张的政治争论不谈，那些相信美国在未来数年仍将“胜出”的人同时指出，中国自身在成为超级大国的路途上还面临许多挑战。经常被提及的主要挑战包括：第一，随着人口快速老龄化和劳动适龄人口在2015年达到峰值，中国将面临人口结构劣势；第二，中国与文莱、印度、印度尼西亚、日本、马来西亚、菲律宾和越南等国存在领土争端，这限制了中国在亚洲发挥影响力；第三，中国经济高度依赖能源。

无人胜出

为何有人会认为“新冠疫情对中美两国以及全球秩序都十分不利”呢？[99]他们认为，和世界上几乎所有其他国家一样，中美两国的经济必定在疫情中严重受损，这会限制两国拓展影响力和势力范围。中国的对外贸易占其GDP的1/3以上，因此在最大的贸易伙伴（包括美国）急速衰退的情况下，中国也很难维持经济的持续复苏。对于美国来说，过高的债务水平迟早将限制疫后复苏开支，而其始终存在的风险在于：当前的经济危机会转化成为一场系统性金融危机。

在提及两国受到的经济打击和国内政治困境时，持怀疑态度的人坚称中美两国都会在这场危机中受到极大削弱。“无论是中国创造的世界格局，还是美国重新领导的世界秩序，都难以从废墟中重新崛起。实际上，中美两国的内外实力均将受到削弱。”

在“无人胜出”的观点背后有个基础的逻辑判断，即由几位专家学者，尤其是历史学家尼尔·弗格森提出的一个有趣想法：新冠病毒危机彰显了小国的成功，却凸显了中美两个超级大国的弱点。弗格森指出：“真正的教训不是美国将要完蛋，也不是中国即将统领21世纪。实际情况是，所有的超级政治实体——美国、中国和欧盟，都已经暴露出系统性失调的问题。”[100] 支持这一想法的人表示，国家过大容易出现规模不经济的问题：当国家或帝国的规模达到一定的程度时，就无法实行有效的自我管理。而与之相反，新加坡、冰岛、韩国和以色列等小型经济体在疫情防控方面似乎比美国出色。

预测未来是傻瓜才玩的猜谜游戏。事实很简单：没有人能够合理或明确地预判中美对抗的走向——唯一可说的就是，这种对抗会不断加剧。疫情已经导致现有大国和新兴大国之间的对抗不断加剧。面对新冠疫情，美国可谓跌跌撞撞、步履蹒跚，影响力不断下降。与此同时，中国或许正努力利用这次危机，不断拓展国际影响力。我们恐怕很难判断中美战略竞争的未来格局，但它可能在下列两种极端情形之间摇摆不定：一方面，在经济利益的缓冲下，不断恶化的两国关系得到控制和管理；另一方面，两国进入长期全面的敌对状态。

_ 脆弱国家和失败国家

脆弱国家、走向失败的国家和已经失败的国家这三者之间的界限是易变且脆弱的。在当今这个错综复杂的适应性世界，非线性原则是指一个脆弱的国家很可能转瞬之间就变成一个失败国家，而在国际组织的协调下或在外来资本的推动下，一个失败国家同样也能快速地改善国家状况。未来数年，随着新冠疫情给世界各国带来困难，最有可能发生的情况是：世界上最贫困、最脆弱的国家会经历单向变化——从糟糕变得更糟糕。简言之，展现了脆弱特征的许多国家都会遭遇失败的风险。

当前，国家脆弱性仍然是最为重大的全球性挑战之一，这个问题在非洲地区尤为普遍。导致这一问题的根源是多重的、相互交织的，既包括经济不平等、社会问题、政治腐败和效率低下，又包括国内外冲突和自然灾害。目前，有 18 亿～20 亿人生活在脆弱国家，而这些国家特别容易受到新冠疫情的影响，因此在后疫情时代，这个数字必定会继续升高。[101] 这些国家脆弱的本质——国家能力孱弱，不能提供最基本的公共服务和安全，决定了它们无力应对新冠病毒危机。在正走向失败的国家和已经失败的国家，形势更为糟糕。这些国家几乎都是极端贫困和频繁暴力的受害者，它们几乎不能或者再也不能履行教育、安全或治理等基本的公共职能。在公共权力缺失的情形下，无助绝望的民众往往会沦为帮派斗争和犯罪事件的牺牲品，经常需要联合国或邻国（并不总是心怀好意）的干预，才能避免陷入人道主义灾难。对于许多这类国家而言，新冠疫情带来的外部冲击会让它们进一步失败和沉沦。

鉴于上述所有原因，我们要再次强调一点：与更加富裕的经济体和大多数发达经济体相比，新冠疫情给脆弱国家和失败国家带来的伤害要更加深重和久远。新冠疫情会摧毁世界上一些最为弱势的群体。在许多情况下，经济灾难会引发某种形式的政治不稳定和暴力事件，因为最贫困的国家会面临两难困境：首先，疫情导致贸易和供应链瘫痪，会立刻出现汇款中断或饥饿人口增加等灾难性后果；其次，从更深层面来看，这些国家会遭受长期、严重的失业和收入损失。正因如此，新冠疫情很可能会给最贫穷的国家造成极大破坏，而这些国家的经济衰退会以更快的速度产生社会效应。在撒哈拉以南非洲的大部分地区，以及亚洲和拉丁美洲的部分地区，还有成千上万的人依靠微薄的收入勉强度日。新冠病毒导致的任何封禁措施或卫生危机，都有可能快速造成广泛的绝望和失序状态，从而引起大规模动乱，并在国际社会引发连锁反应。对于还在冲突中煎熬的那些国家来说，新冠疫情带来的影响尤其具有杀伤力，不仅会不可避免地导致人道主义救助和援助的中断，更会限制维和行动，延缓为了终止冲突而开展的外交努力。

地缘政治冲击往往出乎观察人士的预料，其连锁反应会产生二阶、三阶甚至更多阶后果。然而，就目前而言，哪些国家面临的风险最大呢？

所有依赖大宗商品的国家都正面临风险（挪威和其他几个国家不算）。在本书撰写之际，能源和大宗商品价格的崩溃对这些国家造成了特别沉重的打击，同时也加剧了新冠疫情导致的问题和其他相伴而生的问题（失业、通货膨胀、医疗卫生体系能力不足，当然还有贫困问题）。对于俄罗斯联邦和沙特阿拉伯等比较富裕和发达的能源型经济体来说，油价的崩溃“只是”代表着一次严重的经济打击，会让它们的财政预算捉襟见肘，让它们的外汇储备面临压力，会给它们带来严重的中长期风险。但是，对于南苏丹等低收入国家而言，石油几乎就代表着它们全部的出口收入（占比为 99%），因此疫情带来的冲击会给这些国家带来毁灭性后果。在其他依赖大宗商品的脆弱国家，情形也相差不多。在厄瓜多尔或委内瑞拉等石油国家，出现彻底的崩溃也并不稀奇，因为病毒会迅速摧毁这些国家为数不多的正常运转的医院。而在伊朗，除了大量人口感染新冠病毒外，美国采取的制裁措施更是让形势雪上加霜。

目前面临特别风险的许多国家位于中东和马格里布地区。早在新冠疫情暴发之前，这些国家的经济形势已经日益严峻，大量青年人口失业，造成了社会动荡。新冠疫情、油价崩溃（部分国家面对这一问题）和旅游业冻结（旅游业是这些国家重要的就业和外汇收入来源）这三重打击有可能引发类似于2011年“阿拉伯之春”那样的大规模反政府游行示威活动。2020年4月底，在疫情封禁期间，由于失业和贫困问题日益严重，黎巴嫩爆发的多场骚乱就是一个不好的征兆。

新冠疫情让粮食安全问题再次回到人们的视线之中。在许多国家，疫情可能会导致人道主义危机和粮食危机。联合国粮农组织的官员预计，2020年，受到严重的粮食安全问题影响的人口数量将翻一番，增至2.65亿人。新冠疫情导致交通受阻和贸易受限，再加上失业率上升和粮食供应受限或中断，可能会引发大规模社会动乱，并会导致大规模移民和难民潮。在脆弱国家和失败国家，新冠疫情提高了贸易壁垒，导致全球粮食供应链中断，因而加剧了本已存在的粮食短缺问题。形势是如此严峻，以致联合国世界粮食计划署执行主任戴维·比斯利在2020年4月21日警告联合国安理会，在也门、刚果、阿富汗、委内瑞拉、埃塞俄比亚、南苏丹、叙利亚、苏丹、尼日利亚和海地等30多个国家，有可能“多次发生大规模饥荒”。

在世界上最贫困的国家，疫情封禁措施和高收入国家的经济衰退会给下列人群的收入带来重大损失：贫困劳动者和依赖他们的群体。在尼泊尔、汤加或索马里等国家，海外汇款在GDP中占据很大比例（超过30%），而本次疫情导致海外汇款下降，就体现了上述观点。它会给这些国家的经济带来毁灭性冲击，并产生深远的社会影响。根据世界银行的统计数据，疫情封禁措施给世界多国带来的影响以及随之而来的经济“冬眠”，将会导致中低收入国家的海外汇款收入减少20%，从2019年的5 540亿美元降至2020年4 450亿美元。[102]在埃及、印度、巴基斯坦、尼日利亚和菲律宾等较大的国家，海外汇款是对外融资的主要资金来源，因此疫情会给这些国家带来许多困难，让它们的经济、社会和政治形势更加脆弱，面临实实在在的动荡风险。旅游业也是受疫情影响最严重的行业之一，同时也是许多贫穷国家的经济命脉。在埃塞俄比亚，旅游业收入约占国家出口总额的一半（47%），因此疫情带来的收入损失和就业损失将会给社会经济造成重大打击。在马尔代夫、柬埔寨和其他几个国家，情况也非常类似。

此外，在所有的冲突地区，许多武装组织正在考虑如何利用新冠疫情的机会，继续推进他们的目标（比如，在阿富汗，塔利班要求政府释放该组织的囚犯；在索马里，索马里青年党正在利用新冠疫情带来的契机，伺机颠覆政府）。2020年3月23日，联合国秘书长呼吁在全球范围内停止军事冲突，但各武装组织对此置若罔闻。在2020年，有43个国家报告了至少50次有组织的暴力事件，其中只有10个国家积极回应了联合国秘书长的这一呼吁（而且大多数只是简单表示支持，并没有真正付诸行动）。在31个长期面临冲突的国家中，相关各方不仅没有采取措施回应联合国秘书长的呼吁，反而变本加厉地扩大了暴力冲突的规模。[103] 人们原本以为新冠疫情及其造成的紧急卫生事件或许会遏制长期以来的冲突，甚至会推动和平谈判进程，但事到如今，这样的希望已经落空。这也再次证明，新冠疫情不仅不会遏制令人忧虑或充满危险的趋势，反而会加速这种趋势。

富裕国家对脆弱国家和失败国家发生的悲剧视而不见，这实际上非常危险。风险会通过某种方式传导出去，加剧世界的不稳定性，甚至导致混乱。最脆弱国家和最贫穷国家发生的经济困境、民众不满和饥馑问题向富裕国家扩散的显著形式之一，有可能就是爆发新一轮的人口大迁移，就像 2016 年发生在欧洲的移民潮一样。

第五章

环境的重建

乍看之下，新冠疫情和环境似乎是一对远房表亲，但实际上两者比我们预想得更加亲近、关联更加密切。它们已经并将继续以不可预测的独特方式相互影响，比如生物多样性丧失会加剧传染病的暴发、新冠疫情将对气候变化产生影响等，凸显人类与自然之间危险而又微妙的平衡以及错综复杂的关系。

此外，从全球风险的角度看，新冠疫情与气候变化和生态系统崩溃（两大关键的环境风险）之间存在最直接的关联。这三者天生会在不同程度上给人类带来实实在在的威胁，因此我们可以认为，新冠疫情让我们窥见或提前体验了全面暴发的气候危机和生态系统崩溃将如何影响经济：同时冲击供需两端，颠覆贸易和供应链，并能产生连锁反应，扩大地缘政治、社会和技术等其他宏观领域的风险（有些情况下是机遇）。如果说气候变化、生态系统崩溃和大流行病是如此类似的全球风险，那么它们之间有何异同呢？可以说，它们之间既有许多共同特征，又有许多明显的差异。

它们之间存在以下五大共同特征：第一，它们都是已知的系统性风险（即白天鹅事件），在高度互联的世界中快速传播，并且在此过程中放大其他各类风险；第二，它们都呈现非线性特征，在超过一定界限或临界点后，会带来灾难性后果（比如像新冠疫情那样，先在特定地区出现“超级传播”现象，然后迅速摧毁该地区的医疗卫生系统）；第三，它们暴发的概率和影响力分布情况难以测量——它们总是在快速变化当中，因此相关的假设必须不断调整，这让政策管理变得极为困难；第四，它们都具有全球性，因此只能通过协调一致的全球行动才能有效应对；第五，它们都能给最脆弱的国家和最弱势的群体带来巨大影响。

那么，它们之间又存在哪些差异呢？它们之间存在的几点差异大多数属于概念和研究方法层面的（比如新冠疫情是一项传染性风险，而气候变化和生态系统崩溃属于累积的风险），但还是有两点显著的差异：时间范围的差异（这会对政策和风险减缓行动产生重大影响）和因果关系问题的差异（这会让公众难以接受风险减缓策略）。具体分析如下。

第一，大流行病是一种近乎瞬时的风险，其突发性和危险性为人所共知。疫情暴发威胁到我们作为个人或一个生物物种的生存。当面临风险，我们会迅速、坚定地做出反应。相比之下，气候变化和自然损失是不断发展、长期积累的，其影响大多要中长期才能显现（尽管与气候相关的事件和“非同寻常”的自然损失事件日益频繁，但许多人并不相信气候危机正在逼近）。由此可见，大流行病与气候变化和自然损失的时间范围存在巨大差异，这就决定了应对大流行病的风险需要即刻行动，并且很快就要产生效果；气候变化和自然损失虽然也要求立刻采取行动，但其效果（经济学家称之为“来自未来的奖励”）需要一定的时间才能显现。英国央行前行长、现任联合国气候行动和融资特使马克·卡尼指出，这种时间上的不同步性会带来一场“地平线上的悲剧”：和即刻产生的、容易观察的风险不同，气候变化的风险看起来非常遥远（从时间和空间层面来看），因此应对这种风险的力度往往不足。比如，全球变暖和海平面上升会给某一实体资产（比如海边度假区）或一家公司（比如一个酒店集团）带来实质性风险，但投资者可能不一定认为这属于实质性风险，因此就不会将其算入市场价格。

第二，因果关系的问题很容易理解，相关政策难以实施的原因也很容易理解。在本次大流行病中，病毒和疾病之间的因果关系非常清楚：新型冠状病毒引起了新冠肺炎。除了一小撮阴谋论者，没有人会怀疑这一点。而在环境风险中，很难将结果直接归因于一个具体事件。科学家通常无法指出气候变化和某一具体天气事件（比如干旱或严重的飓风）之间存在直接关联。同样，他们通常也无法就人类的一个具体活动会如何影响到濒临灭绝的某物种问题达成共识。这使得减缓气候变化和自然损失风险变得异常困难。当一场大流行病来袭时，绝大多数民众会认为有必要采取强制措施，但当面临证据仍然值得商榷的环境风险，他们倾向于抵制强制性政策。这其中的根本原因在于，防控一场大流行病无须彻底改变基本的社会经济发展模式和日常消费习惯，而应对环境风险则需要改变这一切。

_ 新冠病毒和环境

自然和动物源性疾病

动物源性疾病是指由动物向人类传播的疾病。大多数专家和自然环境保护主义者都认为，近年来这类疾病急剧增加，主要原因在于森林砍伐问题（这个现象也与二氧化碳排放量增加有关）增加了人类与动物亲密接触和传染疾病的风险。多年来，研究者一直认为热带雨林等自然环境及其丰富的野生生物对人类造成了威胁，因为这些地方聚集的病原体和病毒给人类带来了许多新的疾病，比如登革热、埃博拉和艾滋病。时至今日，我们已经知道这是一个错误的想法，因为实际上的因果关系恰恰相反。《溢出效应：动物感染与下一次大流行病》的作者戴维·奎曼认为："在热带雨林和其他野生生物环境中，生活着丰富多样的动植物，同时也隐藏着许多不知名的病毒。但是我们入侵了这些环境：我们砍伐树木；掠杀动物或者将其装入笼中，然后送往市场。我们破坏了生态系统，我们让病毒离开了其天然的宿主。这些病毒需要一个新的宿主，于是就找到了我们。"[104]目前，越来越多的科学家已经表示，实际上正是因为人类活动破坏了生物多样性，才导致产生了新冠病毒这类新的病毒。这些研究人员共同开启了新的研究学科——"地球健康"，专门研究人类健康与其他生物物种和整个自然生态系统之间微妙而复杂的关系。他们通过研究发现，生物多样性的破坏会增加大流行病的数量。

在近期致美国国会的一封信中，100 个野生生物和环保组织估计，动物源性疾病在过去 50 年中增加了三倍。[105] 自 1970 年以来，相对而言，土地用途的变化对自然产生了最大的负面影响（并且大约造成了 1/4 的人为排放）。仅农业就占据了 1/3 以上的陆地面积，这也是最影响自然的经济活动。最新的学术研究发现，推动农业发展的各项因素与半数以上的动物源性疾病相关。[106] 随着农业（以及矿业、伐木业和旅游业）等人类活动入侵了自然生态系统，人与动物之间的界限被打破，为传染病从动物向人的传播创造了条件。自然界中动物栖息地的丧失和野生生物贸易产生了尤为重大的影响，因为已知和某种特定疾病相关的动物（比如携带新冠病毒的蝙蝠和穿山甲）一旦被带离自然环境并进入城市，就相当于向人口密集的区域植入了一个野生动物疾病的集散中心。今天的大多数科学家都会认为，人口增长越快，我们对环境的破坏就越多，损害生态安全的农业活动就越密集，暴发新流行病的风险就越大。目前，我们为了遏制动物源性疾病传播而可以采取的主要对策就是：尊重和保护自然环境，并积极保护生物多样性。为了有效采取行动，我们所有人均应反思人类与自然的关系，并问问自己：人类为什么会与自然疏远到了如此地步？在本书最后一章，我们提供了一些具体的建议，希望有助于实现“自然友好型”社会经济复苏。

空气污染和大流行病风险

多年来，一个众所周知的事实是，主要由各类排放引起的空气污染是一个沉默的杀手，引发了各种各样的健康问题，从糖尿病、癌症到心血管疾病、呼吸系统疾病，不一而足。各类排放问题还导致了全球变暖。根据世界卫生组织统计的数据，世界 90% 的人口所呼吸的空气都未能达到安全标准，这导致每年有 700 万人过早死亡，并促使世界卫生组织将空气污染列为一项“突发公共卫生事件”。

我们现在知道，空气污染加剧了任何一种冠状病毒（不仅是当前正在肆虐的新冠病毒）对人类健康的影响。早在 2003 年，在“非典”疫情肆虐期间发布的一项研究报告指出，空气污染的状况能够解释这种病毒致死率的差异。[107] 该报告首次指明了下列规律：空气污染越严重，冠状病毒疾病造成的死亡率就越高。此后越来越多的研究表明，长期呼吸肮脏的空气让人更容易感染冠状病毒。在美国，近期发表的一份医学论文认为，在空气污染更加严重的地区，新冠肺炎造成的死亡率更高，因此在一些空气污染更严重的美国郡县，因感染新冠病毒而入院治疗的人数和死于新冠肺炎的人数也会更多。[108] 医学界和社会公众已经达成的共识是，空气污染暴露水平和新冠病毒感染概率之间存在正相关性，而当病毒真正来袭的时候，结果就会更加糟糕。这项研究还处于早期阶段，但进展非常快，目前虽无法证明两者之间存在因果关系，但明确展示了空气污染和新冠病毒的传播性、严重性之间存在很强的相关性。空气污染，尤其是具体的颗粒物浓度，会损害呼吸道——肺的第一道防线。因此，生活在高污染城市的居民（无论什么年纪）感染新冠病毒的风险更高，死亡率也更高。这或许可以解释，伦巴第（欧洲污染最严重的城市之一）市民在感染新冠病毒后，死亡率几乎相当于意大利其他任何地区的两倍。

疫情封禁和碳排放

要确定2020年的全球二氧化碳减排量，目前还为时尚早，但国际能源署在《全球能源论评报告2020》中预测，今年的碳排放量将降低8%。[109] 虽然这一数据可能代表着有记录以来的最大年度降幅，但相对于二氧化碳减排问题的严峻性来说，这仍属杯水车薪。此外，联合国认为，要想将全球气温升幅控制在1.5摄氏度以内，需要在未来10年每年减排7.6%，因此和这一目标相比，今年的减排成就仍然不值一提。[110]

鉴于各国采取的严格封禁措施，8%的减排数字看起来非常令人失望。这似乎也表明，相比电力、农业和工业（除了部分行业，这些排放“大户”在疫情封禁期间仍然运行）的大量排放，个人开展的微小行动（大幅减少消费，不开汽车，不坐飞机）似乎微不足道。这一数据还揭示了一个事实：碳排放方面最大的“出格者”并不一定是那些显而易见的罪魁祸首。近期发布的一份可持续发展报告显示，为了给电子设备提供电力并维持其数据传输功能，电力生产行业的碳排放总量约相当于全球航空业的排放总量。[111] 从中我们可以得出什么结论？我们虽然残酷地实行了前所未有的封禁措施，将世界1/3的人口限制在家长达一个多月，但对于实施有效的去碳化战略几乎没有什么作用，因为即便如此，世界经济仍然源源不断地排放出大量二氧化碳。那么，真正的去碳化战略应该是什么样的呢？要想解决这项牵涉广泛的艰巨挑战，唯有综合采取下列措施：第一，对能源生产方式进行彻底的、系统性的变革；第二，对我们的消费行为进行结构性变革。后疫情时代，如果我们还是遵循以往的消费方式（开同样的汽车，飞往同样的目的地，吃同样的食物，以同样的方式为我们的房子供暖，等等），我们就浪费掉了利用这次新冠疫情来实施气候政策的大好机会。相反，如果我们能将在疫情期间被迫摒弃的一些习惯转化为消费行为的结构性改变，就有可能对气候产生积极影响。减少一些通勤，增加一些远程办公，用骑自行车或步行来代替驾车出行，让城市空气和疫情封禁期间一样清洁，去离家更近的地方度假，等等。所有这些行为如果能汇聚起来，就能聚沙成塔，实现持续减排的效果。这也促使我们思考一个非常重要的问题：新冠疫情最终是会推动还是会抑制应对气候变化的各项政策？

大流行病对气候变化和其他环境政策的影响

新冠疫情必定会深刻影响未来多年的政策环境，其带来的重大危险在于它会遮掩环境问题。据可靠消息，《联合国气候变化框架公约》第 26 次缔约方会议原定于 2020 年 11 月在格拉斯哥会议中心举行，但该会议中心在 4 月份被改成了医院，专门收纳新冠肺炎患者。许多气候谈判被延缓，许多政策计划被延期，这就传递出一个信息：在相当长时期内，政府领导者会只关注新冠疫情给各领域带来的直接问题。但与此同时，另一种说法也开始浮出水面，一些国家领导人、企业高管和意见领袖也对此加以详述：决不能浪费新冠疫情带来的大好机会，现在正是制定可持续环境政策的绝佳机会。

实际上，后疫情时代应对气候变化的行动可能会走向两个截然相反的方向。第一个方向正如上文所述：新冠疫情带来的经济后果如此严重、错综复杂和难以解决，以致世界上大多数国家政府可能会决定“暂时”搁置全球变暖的问题，专心推动经济复苏。如果情况是这样，相关决策制定者将会通过提供补贴的形式，支持和刺激严重依赖化石燃料和碳排放的行业。他们会逐步降低严格的环境标准，消除经济快速复苏会面临的这块绊脚石，并会鼓励企业和消费者尽可能生产和消费更多的“东西”。第二个方向则源于完全不同的愿景：大多数社会公众会重新意识到，生活可以有所不同，这样的社会责任感会为企业和政府提供动力。同时，环境激进主义者也会助力这一转变：必须抓住当前时刻，充分利用这一独特的机遇期，重新设计更可持续的经济发展模式，更好地造福整个社会。

接下来，我们来详细展望上述两个方向会带来的两种截然不同的结果。当然，最终的结果会因国家和地区而异。没有哪两个国家会采取同样的政策，也没有哪两个国家能同样快速地展开行动，但归根结底，它们会迈向更加低碳的未来。

有三大原因解释了为什么这一切不会自动实现，以及为什么当新冠疫情开始消退时，人们对环境的关注可能会减弱。

第一，政府可能会认定，不计任何“代价”地追求经济增长以缓和疫情对就业问题的影响，最符合集体的利益。

第二，企业可能会在这种压力之下努力提高收入，而可持续发展，尤其是气候问题的考量，可能会退居次要地位。

第三，低油价（这一状况可能会持续）有可能鼓励消费者和企业更加依赖碳密集型能源。

这三大原因具有足够的说服力，但也有其他因素能成功推动趋势走向另一个方向。具体来说，有四大因素能让世界变得更加清洁、更可持续。

一是开明的领导。一些领导者和决策者已经身处应对气候变化的第一线，他们希望利用新冠疫情带来的冲击，推行长期、广泛的环境变革。实际上，他们会“利用”这次疫情，不浪费疫情带来的良机。从威尔士亲王到纽约州州长安德鲁·科莫，各界领袖发出“重建美好未来”的劝告，就是这种方式的例证。同样，国际能源署与丹麦气候、能源和公用设施大臣丹·约根森均发表声明，指出向清洁能源转型有助于重启经济：“在世界范围内，领袖们已做好准备，制订了大规模一揽子经济刺激计划。有些计划能为经济发展提供短期推动力，而有些计划能塑造未来几十年的基础设施。我们相信，如果清洁能源能成为这些计划中不可或缺的组成部分，政府就能在创造就业和促进经济增长的同时，确保建立更加现代化、更具韧性和污染更少的能源体系。”[112] 在开明领袖的领导下，政府能够将刺激计划和绿色发展承诺绑定。比如，他们可以为实行低碳商业模式的企业提供更加优惠的融资条件。

二是风险意识。新冠疫情发挥了“唤醒意识”的巨大作用，让我们更加清晰地认识到我们共同面临的风险，并提醒我们当今世界已紧密相连。新冠疫情表明了忽视科学和专业会给我们带来风险，也证明了开展集体行动将能产生巨大影响。我们从疫情中获得了一些教训，从而更好地了解了什么是生死攸关的风险。现在，希望我们能借鉴这些经验，重新认识我们面临的气候风险。伦敦政治经济学院格兰瑟姆气候变化与环境研究所所长尼古拉斯·斯特恩指出：“所有这一切告诉我们，我们能够做出改变……我们必须意识到，将来还会有别的大流行病，因此我们必须做好准备。（但是）我们同样必须意识到，气候变化是一项更加严峻的威胁，它从未走开，它同样紧急。”[113] 几个月来，我们为了应对新冠疫情及其对我们肺部的影响而殚精竭虑。不久之后，我们将开始对清洁的空气念念不忘。疫情封禁期间，许多人亲身体验了空气污染减少后的舒适，这可能会让我们共同认识到，我们只有几年时间来应对全球变暖和气候变化带来的最坏后果。如果情况是这样，社会（包括集体和个人）变革就会接踵而至。

三是行为变化。如果上述情况发生，社会态度和需求就会发生变化，对可持续发展的重视程度将会超过此前的一致看法。疫情期间，我们的消费方式发生了急剧变化，因为我们被迫关注必需品，而且别无选择，只能体验“绿色生活”。这种趋势可能会延续下去，促使我们对一切多余物品实行“断舍离”，建立起有利于环境保护的良性循环。同样，我们可能会认识到，（在可能的情况下）居家办公既有利于环境，又能提高我们的幸福指数（通勤是幸福生活的“破坏者”——通勤时间越长，对我们身心健康的危害就越大）。工作、消费和投资方式这些结构性改变还需假以时日才能形成普遍之势，从而真正改变社会和生活。但正如前文所述，真正重要的是趋势和力量。中国古代诗人和哲学家老子很有智慧地指出：“千里之行，始于足下。”社会经济复苏是一个漫长而痛苦的过程，如今我们只是迈出了第一步。对许多人而言，追求可持续发展看起来非常奢侈，但当一切有了起色，我们就能回想起空气污染和新冠疫情之间的因果关系。随之，可持续发展将不再是次要的事情，气候变化（和空气污染紧密相关）就会成为我们关注的核心问题。如此，社会学家所指的“行为传染”现象（态度、思想和行为在全体人群中进行传播的方式）就会发挥真正的魔力！

四是激进主义。一些分析人士谨慎地指出，新冠疫情会导致激进主义过时，但实际情况可能恰好相反。根据美国和欧洲一个专家小组的研究，新冠疫情强化了变革的动力，触发了新的社会激进主义工具和战略。短短几周内，这个研究小组搜集了各种类型的社会激进主义数据，明确了近100种各具特点的非暴力行动，包括现场的、线上的以及两种形式混合的行动。该小组得出的结论是："突发事件往往会成为一个锻造厂，能够锤炼出新的思想和机会。虽然我们不能预测这种不断提高的技能和意识将会产生哪些长期影响，但可以确定的是人民的力量没有减弱。相反，世界各地开展的运动正在积极适应远程组织形式，不断夯实基础，精准聚焦价值主张，积极规划战略，应对未来的社会形势。"[114] 如果他们的评估是准确的，一旦疫情封禁措施解除，那么在疫情期间被各种必要的社交隔离措施压制的社会激进主义就会卷土重来，并且充满活力。受疫情封禁期间他们所目睹的形势好转（没有空气污染）触发，气候激进主义者将加大行动力度，向企业和投资者进一步施压。我们在本书第二部分将会看到，来自投资者的激进主义也是一股需要应对的力量。它将会助推社会激进主义者的事业，为其增添强大的力量。为了解释这一点，我们可以设想下述场景：一群环保活动家在一个燃煤发电厂前举行游行示威，要求其实施更加严格的污染防治规定；与此同时，一群投资者在工厂的董事会上提出同样的要求，声称要终止为该厂提供资本。

分散在上述四大因素中的一些事实证据给我们带来了希望：绿色趋势终将占据上风。这些证据来自各个领域，但我们可以从中得出同样的结论：我们可以塑造一个更加绿色的未来。为了证实这一观点，我们下面提供与这四大因素相互交叉的四个观点。

第一，2020 年 6 月，作为世界上最大的“超级石油企业”之一，英国石油公司大幅削减了 175 亿美元的资产。英国石油公司认为，新冠疫情将加快推动向清洁能源的全球性转变。其他能源公司预计也将采取类似的行动。[115] 在同样理念的指引下，微软等大型全球性企业已经承诺到 2030 年实现“碳负值”。

第二，欧盟委员会发起的“欧洲绿色协议”是一项大规模计划，也是公共机构迄今发布的最切合实际的宣言，旨在充分利用新冠疫情带来的大好机会。[116] 该计划承诺投入 1 万亿欧元，致力于降低排放和发展循环经济，同时让欧洲在 2050 年之前成为第一个实现碳中和的大陆（按照排放净值衡量），并摆脱经济增长对资源消耗的依赖。

第三，多项国际调查表明，世界范围内绝大多数的民众希望经济能从新冠疫情中复苏，同时将应对气候变化列为优先目标。[117] 在二十国集团成员国内部，多达 65% 的民众支持经济的绿色复苏。[118]

第四，首尔等城市对气候和环境问题做出了进一步的政策承诺。它们自行实施“绿色新政”，以此减缓新冠疫情带来的负面影响。[119]

趋势已经非常明确，但要最终实现系统性变革，还需政策制定者和企业领袖利用新冠疫情经济刺激计划，快速启动自然受益型经济。这不仅仅需要公共财政投入。要筹集私人资本，创造新的自然受益型经济价值，关键在于将重要的政策杠杆和财政激励措施纳入广泛的经济重构议程。各国政府有充分的理由采取下列举措：开展更加有力的行动来改善空间规划和土地利用监管制度；实行公共财政和补贴制度改革；采取创新政策，将自然资本视作一项关键的经济资产，推动其拓展、部署、研发、混合融资和科学评估。许多政府已经开始行动，但还需采取更多措施，来推动能源系统向自然受益型模式转变，并让世界上大多数人口认识到这不仅是迫不得已的选择，而且代表着一个重大机遇。Systemiq 公司和世界经济论坛联合发布的一份政策文件[120]中预测，发展自然受益型经济能够创造新的机会，降低经济成本，在2030 年之前每年创造超过 10 万亿美元的经济价值。短期来看，投入 2 500 亿美元左右的刺激资金能以极具成本效益的方式创造3 700 万个自然受益型工作机会。我们不应将环境重建看作成本，而是应当将其视作一项能够催生经济活动和就业机会的投资。

理想情况下，新冠疫情的威胁不会持续太久，它终将离我们而去。相比之下，在可预见和更遥远的未来，气候变化及其相关的极端气候事件带来的威胁将始终伴随着我们。与新冠疫情相比，气候风险显现得较慢，但其后果更为严重。在很大程度上，气候风险的严重性取决于新冠疫情的防控政策。旨在恢复经济活动的每项举措都会立刻影响我们的生活方式，但同时也会影响碳排放，最终对世界各地和子孙后代产生环境影响。正如前文所述，这些选择的主动权掌握在我们手中。

第六章

技术的重构

我在2016年出版的《第四次工业革命》中指出："技术和数字化将会改变一切……'这次不同了'是一个被滥用甚至经常错用的金句，但基于本书，这句话却是非常恰当的。简而言之，各项重大技术创新即将在全球范围内掀起波澜壮阔、势不可当的巨变。"[121] 该书出版后的4年来，科技发展可谓日新月异。从无人机到语音识别，从虚拟助手到翻译软件，人工智能已经走入我们的生活。移动设备已经成为我们个人和职业生活中不可或缺的一部分，在许多方面给我们提供帮助，预判我们的需求，倾听我们的声音，锁定我们的位置，甚至在未收到指令的情况下也会这么做……自动化和机器人正以惊人的速度改变着企业的经营方式，产生的收入回报是几年前难以想象的。随着合成生物学前景在望，基因学的创新发展也令人十分振奋，为医学的突破性发展奠定了基础。生物科技虽然还不能遏制（更谈不上预防）传染病的发生，但最新的发展成果已经大大提高了人类对新冠病毒基因组的识别和测序速度，也进一步提高了医学诊断的准确性。此外，采用 RNA（核糖核酸）和 DNA（脱氧核糖核酸）平台的最新生物技术让疫苗研发的速度超越了以往任何时期，同时也推动了新型生物工程治疗方法的发展。

总结来说，第四次工业革命已经并将继续以惊人的速度发展，对广泛的社会领域产生影响。本章内容认为，新冠疫情将继续加快创新步伐，推动如火如荼的科技变革（它同样会对其他根本性全球问题和国内问题产生相当程度的影响），并为任何一家数字化企业或者任何企业的数字化业务带来“涡轮效应”。疫情还会加剧科技给社会和个人带来的一项重大挑战，即隐私问题。我们看到接触者追踪技术拥有无比强大的能力，在抗击新冠疫情的武器库中占据了近乎不可或缺的地位，同时还成为大规模监控工作的强大助手。

加快数字化转型

多年来，许多分析人士反复提到“数字化转型”，只是一直无法确定它的准确含义。如今面对新冠疫情，“数字化转型”获得了进一步发展的动力。人们禁闭在家带来的一个主要影响是，数字世界实现了决定性甚至是永久性的拓展和发展。这一点不仅体现在它最为普通的日常功能上（在线聊天、更多的娱乐节目流播和更丰富的数字化内容），而且体现在它进一步改变了企业经营方式。关于后一点，本书第二部分将进行详述。2020 年 4 月，几位科技领袖指出，这场公共卫生危机以迅速而彻底的方式，使得一系列广泛的技术应用成为必需。短短一个月内，许多科技应用企业就实现了跨越多年的发展。对于精通数字技术的企业来说，这是好事。但对于其他企业来说，则前景非常堪忧（甚至可能面临灾难性后果）。微软公司首席执行官萨提亚·纳德拉表示，社交隔离的相关要求让“万事万物实现远程化”，让大量技术的应用提前了两年。谷歌公司首席执行官桑达尔·皮查伊对数字活动的跨越式发展表示了惊叹，并预测这将对在线办公、教育、购物、医药和娱乐等各行各业产生“重大且持久”的影响。[122]

消费者

疫情封禁期间，许多原本不想太依赖电子产品和服务的消费者几乎在一夜之间改变了习惯：去不了电影院，只能在线观看电影；去不了餐厅，只能点外卖吃；见不了朋友，只能和朋友网上聊天；无法在咖啡机旁和同事闲聊，只能对着屏幕和他们沟通；去不了健身房，只能在线进行一些锻炼。几乎在转瞬之间，大多数事物都实现了“电子化”：电子学习、电子商务、电子游戏、电子书籍、电子考勤等。一些老习惯自然会回归。（人际交流带来的乐趣当然无与伦比——我们毕竟是社会动物！）但与此同时，对于疫情期间被迫采取的许多科技行为，我们会越来越熟悉，越来越得心应手。如果社交隔离持续下去，我们就需要更多地依赖数字平台来沟通、工作、寻求建议、订购商品或服务，然后原本一些根深蒂固的习惯就会被慢慢取代。此外，我们也会通过多个角度，经常性地对比线上生活和线下生活的利弊。比如，我们可能会觉得，面对计算机屏幕参加一个自行车课程不如现场和大家一起上课那么欢乐有趣，但是当健康问题成为优先考量，我们就会觉得在家安全得多（也便宜得多）。这同样适用于很多其他领域，比如乘飞机去开会（网络会议平台 Zoom 更安全、更便宜、更环保且更便捷）、周末长途驾车去参加一个家庭聚会（社交软件 WhatsApp 上的家庭小组不是那么好玩，但更安全、更便宜、更环保），甚至报名参加一个学术课程（在线课程虽然效果可能要打点折扣，但是更便宜、更便捷）。

监管者

在我们的个人和职业生活中，“万事万物”转向数字化也会得到监管机构的支持和推动。长期以来，政府部门一直倾向于延缓新技术的应用步伐，它们花费了过多的精力来构思最佳监管框架，但是正如目前远程医疗和无人机送货所展示的那样，生活所需会加速推动这一转型。在有些领域，相关技术已存在多年，但一直受制于监管政策，因而未能取得快速进步。但此次疫情期间，几乎世界各国突然之间都放松了这些监管，这主要是因为它们别无选择或者没有更好的对策。此前不久还难以想象的事情转瞬之间就成为可能。我们相信，无论是体验到了远程医疗的便捷性的患者，还是使这一切得以发生的监管部门，都不愿意回到过去的模式。新的监管制度将会继续有效。类似的故事正在美国和其他国家上演，比如，美国联邦航空管理局正在快速制定针对无人机送货的监管规则。无论如何，当务之急是推动发展“无接触经济”，而监管部门现在也在有意加快发展这一经济模式，这就消除了发展障碍。无论是此前不久还很敏感的领域（比如远程医疗和无人机配送），还是更加常见、保护更充分的监管领域（比如移动支付），都将从这一趋势中受益。这里略举一例：2020 年 4 月，面对疫情的肆虐，欧洲银行监管部门决定提高消费者使用移动设备进行支付的额度，同时降低了相关的验证要求（此前，根据这些验证要求，要使用 Paypal 或 Venmo 这些平台进行支付非常困难）。由此可见，监管态度的变化有助于数字化在我们日常生活中的“普及”。当然，这也有可能会带来网络安全问题。

企 业

新冠疫情消退之后，社交隔离措施可能会以某种形式长期存在，因此各行各业的企业都有理由加快发展自动化。一段时间以后，人们对于技术性失业的担忧会得到缓解，因为各国会注重改革劳动力队伍，尽量避免密切的人为接触。诚然，在当今世界，人类不能太靠近彼此，也愿意减少彼此之间的互动交流，这就给自动化技术创造了很好的生存土壤。新冠病毒或其他传染病带来的威胁可能会始终萦绕我们的心头，让我们心怀恐惧，这也会推动自动化的不断发展，尤其是在最适合实行自动化的领域。2016年，牛津大学的两位学者得出结论：到2035年，86%的餐厅工作岗位、75%的零售业工作岗位和59%的娱乐业工作岗位都将实现自动化。[123] 这三大行业是受新冠疫情影响最严重的行业，为了满足清洁卫生的需要，它们需要实行自动化，这会进一步推动向科技化和数字化的转型。另外，还有一种现象也一定会促进自动化的发展：社交隔离之后，可能会产生"经济隔离"。当各国转向内生性发展，全球性企业缩短其超级高效却脆弱异常的供应链时，就会对自动化和机器人技术产生巨大需求，因为这类技术不仅能够降低成本，而且有利于本地化生产。

自动化进程已发展多年，但加快变革和转型的步伐仍然是关键所在：新冠疫情会加快促进自动化在职场的应用，也会让更多的机器人走入我们的个人和职场生活。从疫情一开始，人们就很容易发现，在人力不可用的情况下，机器人和人工智能“自然而然”替补上阵。此外，为了减少员工面临的健康风险，机器人和人工智能随时要派上用场。在强制实行社交隔离措施的情形下，机器人被用于仓库、超市和医院等各种场合，完成货架扫描（人工智能在这一领域已经有了很多应用）、保洁和配送（机器人配送很快会成为医疗供应链中非常重要的环节，并会促进食品杂货和其他生活必需品的“无接触配送”）等各类活动。其他许多技术（比如远程医疗）原来离实际应用还有很远的距离，但企业、消费者和公共机构现在正在发力，快速推动这些技术的应用。在杭州、华盛顿哥伦比亚特区和特拉维夫等各大城市，各项工作正在紧锣密鼓地进行，致力于完成从试点项目到规模化运营的升级，让大量机器人参与空中送货和道路运输。阿里巴巴和京东等中国电商巨头相信，未来 12 ~ 18 个月，无人机配送在中国将会变得非常普遍——这比疫情之前预想的要快得多。

人们往往更多地关注工业机器人，因为它们最能体现自动化技术。但是，得益于软件和机器学习的进步，职场自动化也开始加速发展。所谓的“机器人流程自动化”（RPA）技术让企业经营更加高效，安装的计算机软件完全能够匹敌甚至取代人为操作。这种技术有多种应用形式，比如微软公司的财务团队对原本分散的报告、工具和内容进行整合和精简，然后将其纳入一个基于工作岗位的个性化、自动化门户。一家石油公司通过安装相关软件，将输油管道的图片发送给一个人工智能引擎，然后将这些图片与现有的数据库进行比对，就能提醒相关员工注意潜在问题。在所用的应用场景中，机器人流程自动化技术都能减少数据编制和验证时间，因而能够节约运营成本（当然，这也有可能导致失业率的上升，这一点将在本书第二部分谈及）。在疫情最严重的时刻，这一技术展现了工作效率，有效应对了工作量激增的问题，赢得了各方支持；后疫情时代，如果这一技术得到批准，将会全面铺开、加速发展。有两个案例可以证明这一点。一个案例是机器人流程自动化解决方案帮助一些医院发布新冠病毒检测结果，每天为医院护士减少了三个小时的工作。另一个类似的案例是，平常用于在线客服的一台人工智能数字化设备被进行了改造，用来帮助数字化医疗平台在线筛选有新冠病毒症状的患者。基于上述原因，咨询公司贝恩公司预测，未来两年，采用这个业务流程自动化技术的企业将增加一倍，而新冠疫情很可能进一步缩短这个周期。[124]

_ 接触者追溯、接触者追踪和接触者监测

疫情防控更有成效的国家（特别是亚洲国家）为我们提供了一条重要经验：技术，尤其是数字化技术，能够助力抗疫。实践

表明，对接触者进行有效追溯是疫情防控战略取得成功的一个关键。封禁措施确实能够降低新冠病毒的感染率，但不能消除疫情带来的威胁。此外，这些措施会产生高昂的经济成本和社会成本。如果没有有效的治疗方法或疫苗，就很难真正战胜新冠病毒。此前，减少或阻止病毒传播的最有效方法是开展大规模的医学检测，然后进行病例隔离、接触者追溯和对已感染人群接触者进行隔离。而我们在下文将看到，在这一过程中，技术可以发挥强大力量，大大缩短工作流程，能够帮助公共卫生官员快速地锁定感染者，从而在病毒开始传播之前就将其遏制。

因此，接触者追溯和追踪成为公共卫生系统应对新冠疫情的必要手段。这两个词经常可以通用，但是略有区别。比如，一款追踪应用程序通过 GPS（全球定位系统）坐标或无线蜂窝定位提供的地理数据，确定某个人的当前位置，从而获得实时信息。而追溯软件使用蓝牙技术，识别出人与人之间的物理接触情况，然后回溯获得相关信息。这两种技术都不能提供奇迹般的解决方案，彻底阻止病毒的传播，但是它们可以近乎实时地发出警报，助力相关部门尽早采取干预措施，限制或控制疫情传播。如果疫情在超级传播的环境（如住宅小区或家庭聚会）下暴发，这两种技术就更能发挥作用。为了便于阅读，我们将其合二为一，交互使用（媒体文章也经常这样做）。

最有效的接触者追踪显然需要技术的支持：它不仅要能追溯

到与一名手机用户有接触的所有人，还要能追踪到该用户的实时移动情况，从而创造有利条件，帮助实施更加有效的隔离措施，并警告附近的其他手机用户：他们附近出现了一名感染者。

数字追踪已经成为公共卫生领域最敏感的话题之一，这并不奇怪，因为它在世界范围内引发了关于隐私问题的严重担忧。在疫情暴发初期阶段，许多国家（大多为东亚国家，也包括以色列等其他国家）决定采取各种形式的数字追踪技术。它们不是对病毒传播链条进行回溯性追踪，而是对人群的移动情况进行实时追踪，旨在限制新冠病毒感染者的活动，并随后采取充分隔离或部分隔离措施。疫情暴发伊始，中国大陆、香港特别行政区和韩国就强制采取数字追踪措施，它们采集移动和信用卡数据，追踪他们的行迹，甚至使用了视频监控技术（韩国）。此外，有些经济体还强制要求入境旅客和处于隔离期的人佩戴电子手环（香港特别行政区），旨在向那些容易感染的人群发出警报。其他一些国家则采取了“折中”的解决方案，为隔离对象配备手机，以监测他们的位置，以便他们在违反隔离规定的情形下，向公众发出通报。

最热门、最受赞誉的数字追踪解决方案是新加坡卫生部运营的 TraceTogether 应用程序。这款应用似乎“完美”地平衡了疫情防控效率和公民隐私保护，它将用户数据保留在手机上而不是服务器上，并设置匿名登录。只有配备了最新版本的蓝牙技术

（在许多数字技术欠发达的国家，这款应用的使用会受到明显限制，因为这些国家大多数手机的蓝牙能力不足，难以开展有效探测），才能有效捕捉到接触情况。蓝牙技术能准确识别出两米范围内两名蓝牙用户的物理接触情况，而且一旦出现新冠病毒传播的风险，这款应用就能向接触者发出警报，同时就必须（在继续保持接触者匿名身份的情形下）将储存的数据发送给卫生部。由此可见，TraceTogether 应用有效保护了用户隐私，且由于使用了开源代码，因此在世界上任何一个国家都可以使用 。然而，隐私权倡导者认为这款应用仍然存在风险：如果一个国家的所有公民都下载安装这款应用，那么在新冠病毒感染人数急剧增加的情况下，这款应用就能识别出大多数公民的身份。网络入侵、对系统运营商的信任问题以及数据保存的时间点等问题会造成额外的隐私风险。

除此之外，还存在其他的方案，主要是要拥有可验证的开源代码，并要能为数据监管和数据保存时间提供保证。各国可以实施共同的标准和规范，在欧盟尤其如此：许多公民担心新冠疫情会迫使他们在隐私和健康之间进行两难选择。但欧盟竞争委员会委员玛格丽特·维斯塔格认为：

> 这是一种虚假的两难困境，因为你可以在不侵犯隐私的情况下，用技术来做很多事情。在我看来，当人们说这件事

只有一种方法的时候，他们通常只是想利用数据为自己服务。我们已经制定了一系列政策指南，我们和成员国共同开发了工具箱，所以你可以开发一款自愿式应用，利用蓝牙技术来集中储存数据。你可以利用这一技术追踪病毒，但同时你也可以为人们提供选择的权利。只有这样，人们才能相信这项技术只是用来追踪病毒，而非用于其他目的。当我们告诉公众，你们可以信任这项技术，可以使用这项技术的时候，我们应该表明我们的严肃态度。我们要让公众知道，这并非是为了开启公众监控的新时代，而是为了追踪病毒，是为了维护社会的重新开放。[125]

这里要再次强调一下，我们正面临一种快速变化、剧烈动荡的形势。苹果和谷歌在2020年4月发表声明称，它们正在携手合作，共同开发一款应用程序，帮助公共卫生官员逆向追踪新冠病毒感染者的移动轨迹和接触人群，这为最担心数据隐私和害怕数据监控至上的各国社会指明了一条出路。移动设备携带者可以自愿下载这款应用，然后同意分享数据。这两家公司也明确表明，它们的技术不会提供给公共卫生机构，除非这些机构能够遵守它们的隐私保护指引。但是，自愿式追踪应用面临一个问题：它们的确注重保护用户隐私，但只有用户参与度足够高的情况下才有效——这一集体行动问题再次凸显了现代生活在倡导公民权利和义务的个人主义外表下，具有深度互联的特征。如果人们不愿意向监管系统的政府机构提供个人信息，任何自愿式追踪应用都不会发挥作用；如果人人都拒绝下载这一应用（并因此隐藏有关潜在感染、行踪和接触人群的信息），那么每个人都会深受其害。最终，公民只会使用他们认为可靠的应用程序，而这取决于他们对政府和公共机构的信任。2020 年 6 月底，用户对追踪应用的使用体验感排名结果可谓喜忧参半。采用了这些应用程序的国家不足 30 个。[126] 在欧洲，德国和意大利等国基于苹果和谷歌开发的系统广泛推出了应用程序，法国等国决定自行开发应用程序，但遭遇了互操作性问题。总体来看，技术问题和对隐私问题的担忧似乎影响了应用程序的使用比例。这里仅举几例：在经历了技术故障并且招致隐私保护活动家的批评后，英国彻底改变了态度，决定用苹果和谷歌开发的模式取代其自行开发的追踪应用程序；挪威因隐私保护问题，暂停了应用程序的使用；在法国，StopCovid 应用仅仅上线三周就直接宣布失败，其利用率非常低（只有 190 万用户），并且发生了用户频繁卸载的问题。

今天，世界范围内约有 52 亿部智能手机，每一部都可以用来追踪感染对象、感染地点和感染源。这一前所未有的机会或许可以解释，为什么疫情期间在美国和欧洲开展的多项调查都表明，越来越多的公民似乎赞成公共机构（在特定界限内）对他们的智能手机进行追踪。但和以往一样，政策的具体细节和执行才是关键。数字追踪是该强制实施还是自愿实施？数据的采集应该以个人名义还是采取匿名形式？信息是应该私下采集还是应该公开披露？这些问题牵涉很多方面，并非那么黑白分明，因此要想各方认可一种统一的数字追踪模式异常困难。在多国重新开放后不久，越来越多的企业开始追踪员工的健康状况，这种现象更是加剧了上述所有问题及其引起的不安情绪。随着新冠疫情的影响持续存在，以及人们担忧会暴发其他的大流行病，这些问题将变得越发重要。

当新冠疫情逐渐消退，人们开始返回职场时，企业会倾向于加大监控力度。无论是好是坏，企业都会密切关注员工状态，甚至会记录他们的行为。这一趋势会有多种不同的表现形式，包括用热成像摄像机测量体温和通过应用程序监测员工状态，了解员工是否遵守了社交隔离规定。这必然会引起深刻的监管和隐私问题。但许多企业会对此持不同意见。企业认为，如果不能加强数字监控，它们就无法重新开放和经营，因为有可能会出现新的感染病例（有些情况下它们还要承担责任）。这些企业认为健康和安全是加强监控的合理基础。

立法机构、专家学者和工会代表始终担忧的问题在于，企业会在疫情结束之后甚至在疫苗研发成功之后，仍然保留这些监控工具，因为监控系统一旦安装好了之后，雇主们往往不太愿意拆除掉，特别是监控还能带来一个间接的好处，那就是可以检查员工的工作情况。

“9 · 11 恐怖袭击事件”发生后的一切已经说明了这一点：世界各国纷纷采取新的安保措施，比如广泛使用摄像头，要求使用电子身份证，以及对进出员工或访客进行记录，等等。这些措施在当时看来显得非常极端，但在今天已经得到了普遍的应用，显得非常的“正常”。越来越多的分析人士、政策制定者和安全专家担心这一情况会再次上演，他们害怕为了控制新冠疫情而采取的技术解决方案会长期存在。他们认为，我们会迎来一个反乌托邦的世界。

反乌托邦的风险

如今，信息和通信技术存在于生活的方方面面，也深刻影响着各种形式的社会参与活动。因此，我们拥有的任何一种数字体验都能被打造成一个“产品”，用以监测和预判我们的行为方式。潜在的反乌托邦风险就源自这样一种观点。有鉴于此，过去几年中涌现了无数以此为主题的文学作品，既有《使女的故事》这样的小说作品，又有《黑镜》这样的剧集作品。在学术界，肖沙娜 · 朱伯夫等学者在研究中也表达了反乌托邦的问题。肖沙娜 · 朱伯夫在《监视资本主义时代》一书中警告称，客户有可能被打造成为数据来源，而“监视资本主义”会以非常不民主的方式导致信息的不对称，并在信息基础上形成权力，从而深刻改变我们的经济、政治、社会和日常生活。

未来数月甚至数年，公共卫生福利和个人隐私之间的权衡关系需谨慎拿捏。这也成为许多热点对话和辩论的焦点。大多数人因为担心新冠疫情带来的危险，会提出下列问题：当我们在疫情中成为受害者，处在生死关头时，如果不发挥技术的力量来拯救自己，这难道不是愚蠢的行为吗？他们愿意放弃许多隐私权，并且同意在此情形下，公共机构可以超越个人权益，行使正当权力。然而，当危机结束后，有些人会突然发现他们的国家已经不再是那个他们愿意生活的地方了。这种心态的变化并不新鲜。过去几年中，政府和企业一直在使用越来越专业的技术来监测甚至操控公民和员工。隐私权倡导者警告称，如果我们不够警觉，新冠疫情将成为监控历史上的一个重要分水岭。[127] 那些最担心技术会控制个人自由的人提出的理由非常简单：在公共卫生的名义下，部分个人隐私被放弃以帮助控制一场传染病，正如“9 · 11 恐怖袭击事件”导致了政府以保护公共安全的名义不断加强安全措施，甚至设立了长期的安全机制；然后，在不经意之间，我们就会沦为新型监控力量的受害者，这种力量还不会消退，甚至有可能被当作一种政治手段，以达到更加邪恶的目的。

从以上几页内容中可以看出，毋庸置疑，新冠疫情会开启积极开展卫生监测的时代，其主要的推动因素包括能够锁定位置的智能手机、人脸识别相机以及能够识别感染源、实时追踪疾病传播路径的其他技术。

尽管有些国家采取了防范措施来控制技术的力量和限制监测行为（其他国家对这个问题不是特别关心），一些思想家还是担心我们在今天快速做出的选择会影响未来多年的社会状况。历史学家尤瓦尔·赫拉利就是其中之一。他在最近发表的一篇文章中指出，我们到底是要实行极权主义式的监控，还是要为公民赋权，这是一个非常重大的选择。我们在这里引述一下他的详细观点。

> 监视技术正飞速发展。10 年前还只存在于科幻小说中的场景，今天早已不是什么新鲜事。我们可以做个思想实验：假设有政府要求所有的公民每天 24 小时佩戴生物识别手环，以随时测量体温和心率，所得数据通过政府算法进行储存和分析。甚至在症状出现之前，这些算法就知道你生病了，也知道你去过哪里以及见了什么人。如此一来，感染链条可以大大缩短，甚至被完全切断。可以说，这样的系统能在几天之内控制流行病的蔓延。听起来很棒，对吧？当然，这也有缺点。这会给令人恐怖的新型监视系统提供正当性。比如，如果你知道我点击了福克斯新闻网的一条新闻链接，而不是 CNN（美国有线电视新闻网）的一条链接，你就可以了解到我的一些政治观点甚至我的个性特点。如果你在我观看视频

短片时监测我的体温、血压和心率，你就可以了解到我为何大笑不停，为何哭泣不止，又为何怒气难消。重要的是，生气、愉悦、厌烦和喜爱都属于生物现象，和发烧咳嗽一样。能够识别咳嗽的技术同样也能识别出开怀大笑。如果企业和政府开始大量获取我们的生物数据，它们对我们的了解就会远远超过我们自己，然后不仅能够预测我们的感受，而且能操控我们的感受，向我们肆意销售一切——可以销售一款产品，也可以推销一名政客。和生物特征监测技术相比，剑桥分析公司（Cambridge Analytica）的数据黑客策略显得过于低级，像是来自石器时代。我们也可以想象一下 2030 年的朝鲜：所有公民必须每天 24 小时佩戴一款生物识别手环。某天，你去聆听伟大领袖的演讲，而这时如果手环泄露了你内心的愤怒，那你岂非必死无疑？[128]

许多人会对此发出警告的！耶夫根尼·莫洛佐夫等社会评论家更进一步，坚定地认为新冠疫情预示着黑暗的未来，技术型、极权式监视将大行其道。他的观点主要基于其在 2012 年的著作中提出的“技术解决方案主义”这个概念，指出为了遏制新冠疫情而提供的技术“解决方案”将会把社会监视提升到新的水平。他发现在政府应对新冠疫情的过程中，出现了两种截然不同的“解决方案主义”：一方面，“渐进式解决方案主义者”认为，通过一款应用程序，以恰当的方式获取准确的感染信息，有利于人们维护公共利益；另一方面，“惩罚性解决方案主义者”决心使用广泛的数字化监视网络，来限制我们的日常活动，处罚任何的违法行为。在莫洛佐夫看来，人类政治制度和自由权利面临的终极危险在于，科技手段在疫情监测和控制方面的“成功”运用将会“巩固解决方案主义者各项政策工具的地位，促使他们自动采用这些政策，来应对从社会不平等到气候变化的其他所有重大问题。毕竟，采取解决方案主义的科技手段来影响个人行为，要比提出复杂的政治难题、探寻危机的根源容易得多”。[129]

****

17 世纪哲学家斯宾诺莎毕生都在反抗权威专制。他有句名言：“如果没有希望，就不会有恐惧；如果没有恐惧，就不会有希望。”用这一原则来结束本部分内容再合适不过。同时，我们也认为，没有什么是必然发生的，我们要以平和之心，看到事情的两面性。反乌托邦的场景并非就是宿命。诚然，在后疫情时代，个人的健康和幸福将成为社会追求的优先目标，因此技术监测的妖孽不会被封印。但是，统治者以及我们每一个人，都有责任控制技术并发挥技术的价值，同时维护好每个公民和整个社会的价值观和自由。

第二部分

微观层面的大重构

（行业和企业）

COVID-19

The Great Reset

在行业和企业等微观层面，世界的大重构需要一系列漫长而复杂的适应过程和改革措施。但是，一些行业领导者和高级管理者很容易将大重构等同于重启，希望回到原来的常态，并恢复以往奏效的做法：传统、历经验证的程序以及熟悉的行事方式——简而言之，就是要走回头路。这已经不可能了，形势已不允许我们回到过去。在很大程度上，“一切照旧”的模式已经葬身于新冠疫情（至少受到了疫情的影响）。疫情期间采取的封禁和社交隔离措施让经济活动陷于停滞，给部分行业带来了灭顶之灾。而面对席卷世界的经济衰退，其他行业也正在经历困境，营业收入不断减少，实现盈利的难度可谓史无前例。但是，对于即将步入后疫情时代的绝大多数企业来说，关键任务是在传统有效做法和目前急需解决的事项之间寻找平衡，实现新常态下的繁荣。对于这些企业而言，它们可以利用新冠疫情带来的独特机会，反思组织发展，推行积极、长期和可持续的变革。

后疫情时代的商业格局新常态是什么？企业如何才能尽力平衡过往成功经验和当前基本事项，以制胜后疫情时代？答案显然取决于每个行业的具体情况及其受新冠疫情影响的程度。在后疫情时代，只有极少数行业的企业会逆势增长（主要是科技、医疗和保健行业），而绝大多数行业的企业将迎来极具挑战甚至危险重重的旅程。在可预见的未来，娱乐、旅游或酒店行业难以（或许永远也不会）回到疫情之前的市场环境。制造业和食品行业则需要更加积极地探寻各种方式来适应冲击，并利用一些新的趋势（比如数字化），在后疫情时代继续繁荣发展。企业规模也很重要。比如，和大型企业相比，小型企业现金储备更少、利润更薄，因此经营难度会更大。未来，大多数小型企业会忙着改变成本-营收比例，这将使它们在与大型企业的竞争中处于不利地位。当然，在当今世界，规模小也能带来一些优势，灵活性和速度能大大提高企业的适应能力。与行业巨头相比，小型企业架构往往更加简洁。

但是，不管是什么行业，也不管其目前处于什么境况，世界范围内几乎所有的企业决策者都将面临类似的问题，并且将需要应对一些共同的问题和挑战。其中，最明显的问题和挑战如下。

1. 我应当鼓励有条件的员工（相当于美国全部劳动力的30%）进行远程办公吗？
2. 我要减少员工的航空出行吗？有多少面对面的会议可以用有效的线上形式来取代？
3. 我如何推动业务和决策流程的转型，让企业行动更加敏捷、快速和果断？
4. 我如何加速推动企业数字化，采用数字化解决方案？

本书第一部分探讨的宏观层面的大重构将在行业和企业层面产生各种各样的后果。接下来，我们将首先考察这些主要趋势，然后谈谈面对新冠疫情及其对各行各业的影响，哪些企业将成为“赢家”，哪些企业会成为“输家”。

第七章

微观趋势

我们尚处于后疫情时代的早期阶段，但各种新趋势已加速扑面而来。这对有的行业来说是福音，而对有的行业来说则意味着重大挑战。但是，对于各行各业的所有企业来说，只有果断、快速地采取对策，才能充分利用这些新趋势。越是灵活、敏捷的企业，就越容易发展壮大。

_ 不断加速的数字化

早在疫情暴发之前，大多数企业的董事会和执行委员会已将“数字化转型”奉为圭臬。在他们看来，数字化已经成为“钥匙”和“决定成功的先决条件”，因此必须“果断”实行。此后的短短几个月内，这一准则已势在必行，甚至能决定部分企业的生死存亡。这一趋势非常明确，也容易理解。在疫情期间，从工作、教育到社交，我们的绝大部分生活完全依赖网络。正是得益于网络服务，我们的生活才能维持正常。因此，“线上”商业自然成为新冠疫情的最大受益者，极大地推动了各种技术和流程的发展，让我们能够远程完成很多事情：无处不在的宽带互联网、移动和远程支付，以及行之有效的电子政务等。由此带来的一个直接后果就是，此前已经开展线上业务的企业必定会获得长久的竞争优势。借助移动设备和计算机，越来越多的各式商品和服务进入我们的生活，电子商务、无接触经营、数字内容、机器人和无人机送货（仅举几例）等各行各业的企业将获得巨大发展。这样看来，阿里巴巴、亚马逊、奈飞和 Zoom 等公司在疫情中逆势“胜出”就绝非偶然了。

总体来看，消费行业的行动最早，也最快。从疫情期间许多食品零售企业打造无接触体验，到制造业企业为客户提供虚拟展厅、让他们浏览和选择钟爱的产品，大多数消费型企业快速洞悉了客户的需求，积极为客户打造“端到端”的数字化体验。

随着部分封禁措施解除和部分经济体开始勉强复苏，B2B（企业对企业）商务生态中出现了类似的机会，尤其是为了应对挑战（疫情对生产线的影响）而紧急采取社交隔离措施的制造业。物联网开始大规模进入制造业领域。一些企业在疫情暴发前不久还行动迟缓，不太愿意应用物联网技术，但如今已开始全面拥抱物联网，并制定了广泛开展远程经营的具体目标。从设备维护到库存管理，从供应商关系到安全战略，所有这些经营活动现在（在很大程度上）都可以通过一台计算机便能实现。物联网不仅为企业提供了执行和维护社交隔离措施的手段，而且降低了企业的经营成本，提升了企业经营的灵活性。

在新冠疫情最严重的时候，O2O（线上线下融合）的商业模式获得了极大发展，凸显了线上和线下业务并举的重要性，打开了业务翻转的大门（甚或是闸门）。著名科幻小说作家威廉·吉布森认为，这种模糊了线上线下界限的现象表明，“我们的世界正在翻转”[130]，并表示不断开放的网络空间正在成为后疫情时代的强大趋势之一。新冠疫情加速了这种翻转的现象，因为它迫使并鼓励我们走向数字化，走向前所未有的“失重”世界。在此过程中，越来越多的经济活动别无选择，只能以数字化形式开展，包括教育、咨询和出版在内的许多经济活动都是如此。我们甚至可以说，瞬间移动短暂地替代了交通运输：大多数高管会议、董事会、团队会议、头脑风暴活动和其他个人或社交活动都只能以远程的方式进行。网络会议平台公司 Zoom 的市值变化已经反映了这一新的现实：2020 年 6 月，该公司的市值飙升至 700 亿美元，超过了当时任何一家美国航空公司。与此同时，亚马逊和阿里巴巴等大型电商公司大力发展 O2O 业务，特别是食品零售和物流业务。

远程医疗和远程办公等在疫情期间快速发展起来的趋势不太可能消退——它们不可能退回到疫情暴发之前的那种主要状态。远程医疗尤其会从中受益。出于一些显而易见的原因，医疗是世界上监管最严的行业之一，这难免会延缓行业创新的步伐。但为了应对本次新冠疫情（以及为了保护医务工作者而允许他们远程工作），各种手段被迫登场，从而消除了远程医疗应用面临的一些监管和法律障碍。未来，远程医疗服务肯定会越来越多，这反过来会加速推动可穿戴和居家诊断技术的发展，比如能够追踪健康数据和开展健康分析的马桶。同样，新冠疫情也可能会给在线教育带来福音。在亚洲，在线教育的发展趋势特别明显，数字化课程的参与比例迅速提高，在线教育企业的估值越来越高，越来越多的资本流向“教育科技”领域的初创企业。这枚硬币的另一面是，传统教育机构面临越来越大的压力，它们必须证明自身存在的价值以及收取高额学费的理由（稍后我们会就此展开分析）。

数字化的发展速度着实惊人。“在英国，2019 年的时候，远程在线问诊的比例不到 1%；本次疫情期间，这一比例已达到 100%。此外，2019 年的时候，美国一家领先的零售商打算启动一项街边提货服务，但光是计划就酝酿了 18 个月；本次疫情期间，它只用了不到一周的时间就上线了这项服务，既为顾客提供了服务，又为员工保留了工作机会。与此同时，在线银行业务的比例从 10% 提升到了 90%，不仅没有降低服务质量，而且提高了合规性，同时为客户打造了超越业务本身的良好体验。”[131] 类似的案例举不胜举。

整个社会采取的疫情防控措施以及封禁期间采取的社交隔离措施也推动了电子商务的发展，使其形成前所未有的强大行业趋势。消费者需要产品，如果他们无法购物，就会不可避免地将目光转向网络。而习惯一旦形成，此前从未进行过网络购物的消费者就会适应这种形式，而此前偶尔进行网络购物的消费者就会越发依赖这种形式。这一趋势在疫情期间变得特别明显。在美国，亚马逊和沃尔玛共雇用了 250 000 名工人，来处理不断增加的网购订单和大规模基础设施。随着电子商务的加速发展，在线零售巨头可能在危机结束后变得更加强大，甚至超过疫情暴发之前。当然，任何事情都要一分为二地看：随着网络购物的习惯日益普遍，实体零售店（主要是商业街上和购物中心里的实体店）的生存空间会遭受进一步挤压——下文将对这一现象进行更加详细的探讨。

具有韧性的供应链

鉴于全球供应链的本质和天生脆弱性，多年来围绕缩短供应链的争论愈演愈烈。全球供应链往往错综复杂、难以驾驭。

由于环境标准和劳动法律的合规性方面难以监测，企业会面临声誉受损风险和品牌损失的问题。鉴于过去存在诸多问题，新冠疫情一锤定音，夯实了下列原则：企业应当依据具体零部件的成本情况和关键材料的供应源情况，优化供应链。这场疫情还让人们看到了重视效率而忽视韧性所产生的后果。后疫情时代，最为重要的将是“端到端价值优化”理念，即主张兼顾韧性、效率和成本。“以防万一”的策略最终将取代“准时制”的供应链模式。

正如本书第一部分分析的，全球供应链受到的冲击将同时影响全球性企业和小规模企业。在实践中，“以防万一”的策略到底有什么内涵？全球化模式发端于20世纪末，后来在全球制造业企业的构建下，不断追求廉价劳动力、产品和零部件，而今遇到了瓶颈。在全球化的推动下，国际生产分化成七零八落、错综复杂的格局，形成了“准时制”的供应体系。实践证明，这样的体系非常精益和高效，但也极其复杂和脆弱（复杂性带来脆弱性，进而导致不稳定性）。矫正的方法在于简化，简化供应链能提高其韧性。这就意味着，约占全球贸易3/4的“全球供应链”将不可避免地衰落。伴随这一衰落的是一种新的现实：依赖错综复杂、“准时制”供应链的企业再也不能想当然地认为，世界贸易组织规定的关税承诺一定能保护它们免受其他地区保护主义突然抬头所带来的影响。因此，这些企业被迫要做好应对准备，缩减供应链或实现供应链本地化，并精心筹划生产和采购备份计划，防范供应链长期中断。企业如果此前是依靠“准时制”的全球供应链来实现盈利，那么现在必须反思自身经营方式，并且有可能需要抛弃效率优先的理念，转而更加注重“供应链安全”和韧性。由此可见，为了切实预防供应链中断——无论是某具体供应商的供应中断，还是贸易政策可能出现变化，或是某具体国家或地区出现供应中断，企业首先需要考虑的就是韧性。为此，企业不得不发展多元化的供应商网络，即使会滞留存货或者出现产能过剩也在所不惜。此外，这些企业还必须确保在自身供应链内也采取同样的举措：它们会评估整个供应链的韧性，一直覆盖到终端供应商甚至是供应商的供应商。如此一来，生产的成本必定会增加，但企业要打造风险抵御能力，这是必须付出的代价。粗略分析一下就会发现，汽车、电子和工业机械等行业受到的影响最严重，因为它们会率先改变生产方式。

_ 政府和企业

由于第一部分详细介绍的各种原因，新冠疫情改写了公共部门和私营部门之间的许多规则。后疫情时代，政府将大大加强对企业的干预力度。政府强力介入企业和企业经营生态是好还是坏，这会因国家和行业而异，并且会呈现多种表现形式。下文中，我将简要介绍在后疫情时代最初几个月就会出现的三大形式：有条件救助、公共采购和劳动力市场监管。

首先，西方经济体为了支持困难行业和企业而采取了一揽子刺激计划，在此过程中会签署一系列协议，这会限制借款人的行为，让它们难以解雇员工、回购股份和支付高管高额奖励。同样，政府（在激进主义者和公众情绪的鼓励、支持甚至是推动下）将会重点关注令人怀疑的超低企业税单和巨额高管奖励。对于那些推动企业回购更多股份、降低纳税额和支付巨额分红的公司高管和投资人，政府已基本失去耐心。多家美国航空公司近期持续使用大量公司现金为公司股东派发分红，却还向美国政府寻求帮助，因而受到了公众的抨击，这也充分说明了公众态度的变化会如何影响法案的制定。此外，未来数月和数年，如果决策者自动承接私营部门的大量违约风险，则有可能会招致“政权更迭”。当企业向政府求助时，政府就会希望获得某种回报。德国政府对汉莎航空的紧急援助就完美体现了这种情况：政府向这家全国性航空公司注入流动性，但条件是这家航空公司必须限制高管薪酬（包括股票期权）并承诺不进行股票分红。

更好地协调公共政策和企业规划将成为政府干预企业事务过程中的关注重点。在疫情最严重的时刻，各方竞相抢夺呼吸机的现象就说明了这一点。2010 年，美国一份政府合同订购了 40 000 台呼吸机，但供应商从来没有发货。这也在很大程度上反映了这个国家的物资短缺问题，而这个问题在2020年3月表现得尤为明显。是什么导致了这样的供应不足现象呢？2012年，原来中标的那家公司被一家规模更大的制造商（一家上市公司，业务范围也包括呼吸机生产）收购了（具体情况难以确定）。后来才发现，是那家收购方想阻止中标公司生产便宜的呼吸机，因为这会损害其自身的利润。这导致中标公司的生产被延误，后来取消了合同，直至最终被竞争对手收购。这件事情的结果是，虽然合同订购量是40 000台呼吸机，但交付给美国政府的数量为0。[132] 后疫情时代，这种情况应该不太可能再次出现，因为公共机构在将重大的公共卫生项目（或者影响公共利益的重大项目、公共安全类项目等）外包给企业时，一定会慎之又慎。总而言之，利润最大化和短期主义很少符合或并不总是符合应对未来危机的公共目标。

世界范围内，改善社会保障、提高低收入员工薪水的呼声将越来越高。后疫情时代，提高最低工资很可能会成为一个核心问题，需要加大对最低工资标准的调控力度，全面执行现行规则。企业很可能需要缴纳更高的税费和支付各种形式的政府资金（如社会关爱服务）。在各行各业中，最受这一政策影响的莫过于零工经济。早在新冠疫情之前，零工经济已经成为政府监管的重点对象。后疫情时代，由于要重新定义社会契约，政府会进一步加强这种监管。政府加强干预也会影响那些依赖临时工的企业，甚至有可能会影响到它们的财务生存能力。随着新冠疫情彻底改变社会和政府针对临时工的态度，政府将要求相关企业提供正规的劳务合同，为员工提供社会保险和医疗保险等福利。对于这些企业来说，劳动力是个大问题，因为一旦把临时工变为正式职工，它们可能就无法赢利，甚至就此失去存在的理由。

利益相关者理念和 ESG

本书第一部分介绍的五大宏观领域在过去 10 年中发生了重大变化，这对企业的经营环境产生了深远影响：企业日益注重利益相关者理念和 ESG（环境、社会和治理），致力于实现可持续的价值创造（环境、社会和治理可视作利益相关者理念的标尺）。

新冠疫情暴发之时，从应对气候变化的激进主义和不断加剧的社会不平等，到性别多元化和 #MeToo（“我也是”）丑闻，各种问题已经提高了人们的意识，让人们更好地认识到利益相关者理念和 ESG 在当今互联世界中的重大作用。无论是否会有人公开支持，至少没有人会否认企业的根本目标不能再是无节制地追求利润；企业不仅要服务股东，更要服务所有的利益相关者。早期的观察性证据表明，ESG 将在后疫情时代迎来更好的发展前景，原因主要包括下列三个方面。

第一，新冠疫情将会催生或加强关于 ESG 战略性问题（最重要的是气候变化问题）的责任感和紧迫感。但是消费者行为、未来工作和移动出行以及供应链责任问题将成为投资流程的核心，并将成为尽职调查不可或缺的内容。

第二，新冠疫情让企业决策层明确意识到，缺乏对 ESG 问题的考虑有可能丧失巨大价值，甚至可能威胁到企业的生存。因此，ESG 将会更加全面地融入企业的核心战略和治理，同时也会改变投资者评估企业治理的方式。纳税记录、股利分配和薪酬水平将会受到日益严格的监督，因为一旦出现此类问题或者此类问题被公之于众，将会损害企业的声誉。

第三，培育对员工和社区的亲善将成为提升品牌声誉的关键。企业越来越需要证明它们能够善待员工，比如改善劳工实践、关注员工健康和安全以及改善职场环境等。企业遵守这些措施可能不一定是因为它们天性善良，而是因为不采取这些措施会付出很大的“代价”，比如引发激进投资者和社会活动家的怒火。

多项调查和报告证实了 ESG 战略已经从新冠疫情中受益，并且很有可能继续从中受益。初步数据显示，2020 年第一季度，可持续发展板块的表现要优于传统的基金。国际权威评级机构晨星（Morningstar）比较了 200 多只可持续股票基金和交易型开放式指数基金的一季度收益率，结果显示可持续基金的相对收益率要高出 1~2 个百分点。贝莱德的一份报告进一步证实，在新冠疫情期间，ESG评级较高的企业更胜一筹，超过了其他企业。[133] 几位分析人士表示，表现更优异的企业可能只是因为其ESG资金和战略受化石燃料的影响减少，但是贝莱德报告坚持认为，遵守ESG的企业（也可以说是遵守利益相关者理念的企业）更加全面地了解风险管理，因此更具韧性。我们似乎可以得出一个结论：世界面临的宏观风险和问题越多，就越有必要实行利益相关者理念和ESG战略。

有人相信经济复苏会牺牲利益相关者理念，也有人主张此刻应该“重建美好未来”，双方之间的辩论远未结束。有人认为“新冠疫情会将ESG搁置几年”，比如瑞安航空公司首席执行官迈克尔·奥莱利；也有人致力于将企业转型为“利益相关者公司”，比如爱彼迎公司首席执行官布莱恩·切斯基。[134] 但是，无论个人如何看待利益相关者理念和ESG战略的优点及其在后疫情时代的作用，激进主义都将会带来改变，强化趋势的发展。社会活动家和许多激进投资者会严格审查企业在新冠疫情期间的表现。对于那些在社会问题上表现较差的公司，市场和/或消费者都会给予惩罚。美国一位知名法官利奥·斯特林在2020年4月参与撰写的一篇文章中，反复强调了公司治理改革的必要性：“公司治理制度对财务稳健性关注不够，不能持续创造财富，也不能给予员工公平的待遇，而我们却要再次为它们埋单。长期以来，证券市场在经济发展中的作用增长太快，牺牲了其他利益相关者的利益，尤其是工人的利益严重受损。尽管总体财富在增加，但财富增加的方式非常不公平：为财富增长做出了主要贡献的美国劳动者阶层并未从中享受到相应的成果。这种做法一味满足贪得无厌的股市需求，既提高了公司的债务水平，又加剧了经济风险。”[135]

对于激进主义者来说，企业能否在危机中表现出正直体面至关重要。未来多年对企业的评价主要是基于它们的行动——不仅仅是狭义的商业行动，而是在整个社会大框架下的企业行为。比如，我们很难忘记在过去 10 年中，美国各大航空公司将其 96% 的现金流用于股份回购；我们也不会忘记在 2020 年 3 月，英国易捷航空公司向股东派发了 1.74 亿英镑的分红（其中包括向公司创始人支付了 6 000 万英镑的分红）。[136]

影响企业的激进主义现在已超越了传统社会激进主义（在外行人看来）和投资激进主义的范畴，并和员工激进主义一起，正在企业内部快速发展。2020 年 5 月，就在全球疫情中心从美国转向拉丁美洲的时候，谷歌公司员工在绿色和平组织的一份报告激励下，成功说服公司不再为油气行业的上游开采活动开发定制化的人工智能和机器学习算法。[137] 近期发生的几起类似事件体现了员工激进主义的兴起，从环境问题到社会问题和包容性问题。这也为我们提供了很好的例子，让我们了解到各种类型的激进主义者如何协力推动目标，打造更加可持续的未来。

与此同时，传统的激进主义也急剧发展，表现在行业行动方面。尤其在美国，许多白领工人通过居家办公来应对新冠疫情，而许多低收入工人却只能“直面风险”，他们除了上班工作别无选择，这引发了一波抗议、罢工和游行示威活动。[138] 随着工人安全、薪水和福利等问题越发重要，利益相关者理念的行动议程将更受关注和更具重要性。

第八章

行业重构

新冠疫情迫使世界各国采取封禁措施，立刻对各行各业产生了影响。这一影响还在持续，并将在未来多年继续存在。随着全球供应链面临重塑，消费者要求变革，政府希望加大干预力度，市场形势的变化和技术带来颠覆性影响，企业将被迫持续调整和重新进行自我定位。本章内容不会详细描述每个行业具体将如何演变，而是采用印象派的手法，勾勒出新冠疫情的一些主要特征和趋势将如何影响具体行业。

_ 社会互动和去致密化

疫情对出行、旅游、酒店、娱乐、零售、航空及汽车行业的影响

新冠疫情极大地影响了消费者的消费内容、消费方式以及彼

此互动交流的方式。因此，不同行业后续的重构措施将依据经济交易性质的不同，而呈现根本性的差异。对于消费交易依赖社交或者需要现场进行的行业，后疫情时代的前几个月甚至几年都会特别艰难。而对于消费交易可以保持一定空间距离甚至通过虚拟形式就能完成的行业，情况就会好得多。现代经济中，许多消费需要通过社交互动才能完成，比如旅游和度假、酒吧和餐厅、体育赛事和零售、电影院和剧场、音乐会和节庆活动、会展和会议、博物馆和图书馆，以及教育等，这些带有社交性质的消费行为在经济活动和就业中占据很大比例（在美国，服务业贡献了80%的工作岗位，其中大多数具有“社交”性质）。它们往往无法在虚拟世界中完成，或者即使可以完成，形式和效果也会大打折扣（比如在线举行的现场管弦乐音乐会）。以社会交往为核心的行业受疫情影响最为严重，其中包括对整个经济和就业做出重大贡献的多个行业，如旅游和出行、休闲、体育、娱乐等。未来数月甚至数年，这些行业将只能维持部分运营，因为它们会受到双重打击：一是出于对病毒的担忧会限制消费；二是为了消除这种担忧，监管部门会实施新的监管措施，确保消费者之间保持空间距离。社会公众会持续要求保持社交隔离，直至疫苗研发成功并实现大规模商业化（而根据大多数专家的观点，这一点最早也要到2021年第一或第二季度才能实现）。在这种监管干预的阶段，人们外出度假和/或开展商务活动的概率会大幅下降，去餐厅、电影院和剧院的频率也会降低，并且会认为相比去实体店，在线购物更加安全。基于上述根本原因，这些受疫情影响最严重的行业也将是复苏最慢的行业。酒店、餐厅、航空公司、商店和文化场所尤其要投入大量资金，来改变提供产品和服务的方式，积极应对后疫情时代的新常态。这就要求它们大幅调整营业措施，包括扩大营业空间，定时定点清洁，保护员工以及采用能够减少员工和顾客接触的技术。

在许多行业中，特别是在酒店和零售业，小型企业受到的影响会更重，不得不谨慎应对疫情关停措施（或业务锐减的状况），避免陷入破产境地。运营能力下降导致利润进一步降低，许多企业就无法生存。这些企业的失败会对国家经济和地方社区产生很大影响。小型企业是创造就业的主要力量，为大多数发达经济体的私营部门贡献了一半的就业机会。如果大量的小型企业破产，比如某居民区的商店、餐厅和酒吧减少，则失业人数会增加，需求会枯竭，整个社区就会受到影响，从而形成一个恶性循环，进而影响到周围更多的小型企业。这样的连锁效应最终会超出当地社区，影响到（希望影响范围不会太大）范围更大的地方。当今世界经济、各行业和各类企业之间相互依存、相互关联，这意味着其中任何一个个体都会以多种不同的方式迅速对其他个体产生影响。以餐饮行业为例，这一行业受到了新冠疫情的沉重打击，以致我们甚至不能确定它能否复苏。一位餐厅老板表示："我和这座城市乃至这个国家的上百名、上千名厨师一样，都在面临一个问题，那就是即使我们的生意能够恢复，我们的餐厅、职业和生活将会发生怎样的变化。"[139] 在法国和英国，几位行业人士表示，可能多达 75% 的独立餐厅都熬不过疫情封禁措施以及社交隔离措施，但是大型连锁餐饮和快餐巨头可以。这表明，大企业会越来越大，而小企业会逐渐式微乃至消失。比如，一家大型连锁餐厅的资源更多，并且在小型餐厅纷纷倒闭之后，前者面临的竞争会更少，因而更有可能维持经营。而小型餐厅要想在危机中活下来，就必须进行彻底的自我改造。与此同时，餐厅一旦永久性关门，那么影响的就不仅是餐厅和自身员工，而是会影响到经营链条上的所有相关方，包括供应商、农民和卡车司机等。

此外，一些大型企业会和小型企业一样陷入两难境地。特别是航空公司，将会面临类似的限制：消费需求下降和社交隔离措施。持续三个月的封禁措施给世界各大航空公司带来了灾难，导致其营业收入几乎为 0 并有可能裁员上万人。比如，英国航空宣布，公司将对现有的 42 000 名员工裁减 30%。截至本书撰稿之时，经济很可能即将重启。这一过程将极具挑战性，经济复苏可能会需要多年。休闲旅游行业可能会率先复苏，商务旅行紧随其后。但是，随后的内容将谈到，消费习惯可能已经发生永久性改变。如果许多企业决定减少商务旅行以控制成本，或者尽量用线上会议取代线下会议，那么将对经济复苏和航空公司最终的盈利状况产生重大且持久的影响。新冠疫情暴发之前，商务旅行占航空客运量的30%，并为航空业贡献了50%的营收（得益于价格更高的座位和“最后一分钟预订”）。未来，这种情况一定会改变，导致一些航空公司的盈利状况极不稳定，迫使整个行业反思全球航空市场的长期发展布局。

在评估一个行业受到的最终影响时，我们必须考察完整的行业链条，要考虑到严重依赖上游行业或“头部”行业的相邻行业的情况。为此，我们简要介绍一下完全依赖航空业的三大行业：机场（基础设施和零售）、飞机（航空）和汽车租赁（汽车）。

机场和航空公司面临同样的挑战：飞行的人越少，使用机场的人就越少，这就会影响世界各大国际机场中各式商店和餐厅的生意。此外，后疫情时代，人们的候机时间会更长，手提行李会受到限制甚至可能会被禁止，还有其他一些社交隔离措施也可能给乘客带来不便，导致机场体验变差，因而抑制人们乘坐航班外出休闲旅行的冲动。多个行业协会警告称，社交隔离措施不仅会将机场容量限制在20%~40%的水平，而且有可能有损整个出行体验，从而成为人们航空出行的障碍。

受疫情封禁措施的严重影响，航空公司开始取消或延缓新的飞机订单，并改变选择的特定机型，这样做会严重损害航空业的发展。一个直接的后果是，在可预见的未来，主要的民航飞机装配工厂将会降低产能，并对其整条价值链和供应商网络产生一连串影响。从长期来看，如果航空公司在重新评估后改变需求，就需要对民用飞机生产行业进行彻底重新评估。而国防航空航天是个例外，它将成为相对安全的行业。对于民族国家来说，面对形势不定的地缘政治前景，它们必须维持订单和采购，但资金不足的政府将会提出更加优惠的付款条件。

和机场一样，汽车租赁公司基本完全依赖航空客运量。美国赫兹公司（Hertz）靠着累累负债，打造了一支拥有 700 000 车辆的车队，但在疫情期间，绝大多数的车辆都处于闲置状态，这迫使公司已于 5 月份申请破产。和许多公司一样，新冠疫情成为压垮赫兹公司的最后一根稻草。

_ 行为改变——长期性变革与暂时性改变

疫情对零售业、房地产和教育的影响

疫情期间发生的一些行为改变不可能在后疫情时代被彻底扭转，有些行为改变可能是永久性的。这将产生什么样的影响目前尚不清楚。一些消费方式可能会变成长期的趋势（类似于“9 · 11 恐怖袭击事件”后的航空旅行），只是节奏会有所改变。有些消费方式无疑会加速发展，比如在线服务。有些消费则会被延缓，比如购车。与此同时，一些新的消费方式将逐渐常态化，

比如和绿色交通相关的一些购买行为。

当然，大多数情况我们尚未可知。疫情期间，大量消费者被迫自己动手制作东西（烘焙面包、新手学厨和自己理发等），并体会到了谨慎消费的必要性。这些新的习惯、DIY（自己动手制作）和自我消费方式会在后疫情时代继续存在和发展吗？同样，有些国家的学生为高等教育支付了高额的学费，但如果一连三个月只能通过屏幕看到教授，他们会不会开始质疑教育的高成本？

为了把握消费者行为变化带来的极度复杂性和不确定性，我们可以回到那个在线购物和实体店购物的案例对比。如前所述，面对铺天盖地的在线购物，实体店很可能会惨淡出局。消费者可能愿意多花一点钱，网购瓶装饮料和生活用品等体积大、重量大的产品，并让商家送货上门。超市的零售空间就会萎缩，变得像便利店一样，方便消费者购买相对少量的食品。但也有可能出现另一种情况：人们的餐厅消费减少。传统上，在有些地区，人们的餐饮预算中有相当的比例流入了餐厅（比如纽约的这一比例为60%），而随着餐厅消费的减少，节省出来的资金可能就会流向超市，促进超市业务的发展，因为居民很可能会重新发现居家烹饪的乐趣。娱乐业可能会出现同样的现象。疫情期间，和完全陌生的人坐在一个封闭的空间会加剧我们的焦虑感。许多人会认为窝在家里欣赏一部最新的电影或者歌剧就是最明智的选择。这样的决定有利于超市，而不利于酒吧和餐厅（虽然网上订购外卖可能会挽救它们）。疫情期间，世界各大城市已经出现了无数的例子表明，人们纷纷选择在线服务这一临时性的消费方式。而在后疫情时代，这些措施会成为一些餐厅复苏计划中很重要的一部分吗？还有一些其他的直接影响是更容易预测的。重清洁、讲卫生便是其中之一。新冠疫情自然会让我们更加关注卫生。对清洁卫生的新执念尤其会催生新型包装。我们会被建议不要直接接触我们购买的产品。闻闻甜瓜的味道或者用手挤压一下水果这样简单的行为可能会不受欢迎，这种乐趣可能会一去不复返。

一种态度的改变可能会产生多重影响，对许多特定行业产生特别的影响，并最终通过连锁反应对许多行业产生影响。下图说明了增加居家时间这一简单的改变所产生的影响。

自疫情开始，人们就一直围绕下列问题展开激烈的争论：未来我们是否（或在多大程度上）要进行远程办公，并因此增加居家时间？一些分析人士指出，城市（尤其是大城市）是经济活动、社交生活和激发创意的活力中心，其根本的魅力不会改变。 而其他一些分析人士则担忧，新冠病毒已经激发了人们对城市态度的根本性改变。他们认为新冠疫情已经成为一个转折点，并预测各年龄段的城市居民面对城市污染和空间太小、价格过高的住房等问题，将会选择迁往环境更好、空间更大、污染更少、物价更低的地方生活。我们尚无法判断上述哪一方是正确的，但可以断定的是，即使很小比例的人口离开最繁忙

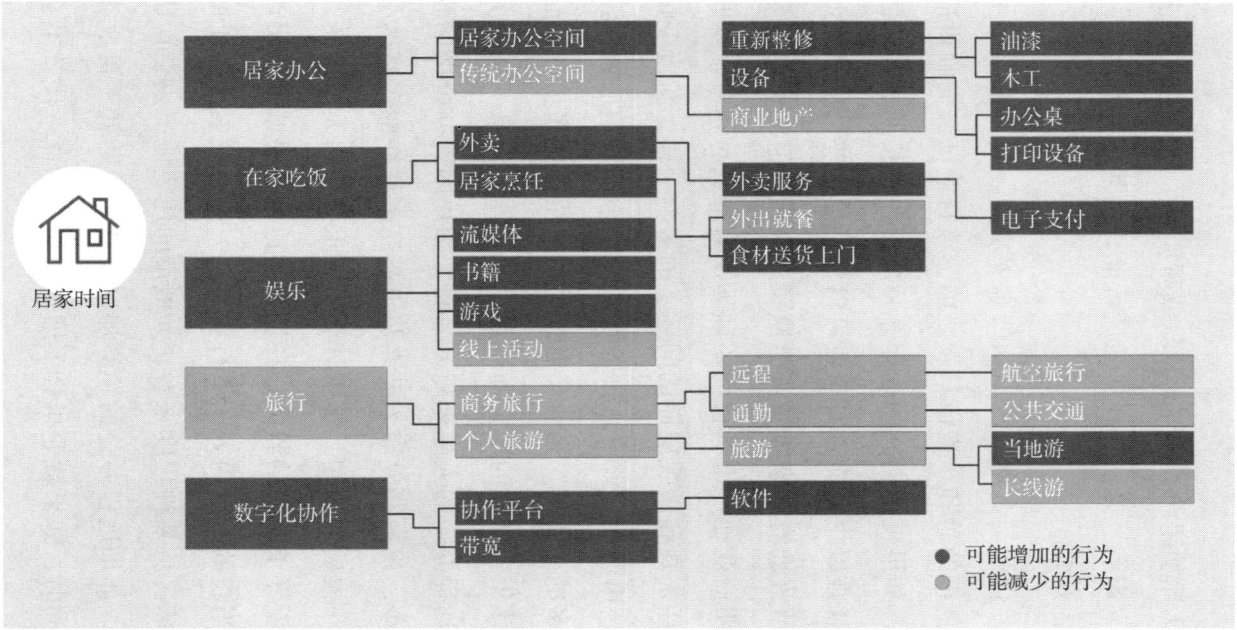

增加居家时间带来的潜在影响

来源：Reeves, Martin, et al., “Sensing and Shaping the Post-COVID Era”, BCG Henderson Institute, 3 April 2020, https://www.bcg.com/publications/2020/8-ways-companies-can-shape-reality-post-covid-19.aspx.

的城市中心（比如纽约、香港、伦敦或新加坡），也将会对许多行业产生巨大影响。这一点在房地产行业，尤其是商业地产行业，表现得最为明显。

商业地产行业是全球经济增长的重要动力，总市值超过了全球股市和债市的总和。疫情暴发之前，该行业已经面临供应过剩的问题。如果疫情期间的远程办公成为一种长期而普遍的习惯，我们就难以想象能否有企业可以消化掉这些供应过剩的办公空间。或许会有几家投资基金愿意这样做，但它们也只是例外，这说明商业地产市场行情还远远没有触底。和对许多其他问题（包括宏观和微观层面的问题）的影响一样，新冠疫情会给商业地产市场带来影响，加速和放大此前已经存在的趋势。随着越来越多的“僵尸”企业（通过借债来偿还更多债务的企业，在过去几年中创收的现金尚不足以覆盖债务利息）破产关门，再加上远程办公的人越来越多，将来租用闲置办公楼的租户会越来越少。房产开发商（大多数也是属于杠杆率很高的公司）会经历一波破产浪潮，其中具有系统重要性的大型房产开发商将不得不寻求政府的救助。在世界各地的重要城市，房产价格会在相当长的时期内处于下行状态，一举戳破累积多年的全球房产泡沫。从某种程度来看，大城市的住宅地产也会面临类似的情况。如果远程办公的趋势加速发展，通勤就不再成为一种选项。同时，如果就业机会不增加，那么年青一代就不会再选择去昂贵的大城市买房或租房。这同样会导致房产价格下跌。此外，许多人将会认识到，和每天去办公室上班相比，居家办公更加环保、更加轻松。

如果远程办公成为现实，那么多年来经济增速快于其他城市或周边地区的中心城市就会面临劳动力外流的情况，这些劳动力会流入级别较低的新兴城市。这种现象会催生一批新兴的城市或地区。凭借更加宽敞的城市空间和更高的生活质量，大量人才会蜂拥而至。

尽管如此，远程办公距离成为社会主流还很遥远，短期内很难真正实现。难道我们没有经常听说，要优化"知识型工作"（实际上是最容易通过远程来完成的工作类别），就需要精心设计的办公室环境吗？科技行业长久以来一直大力发展专业化的园区，以抵制远程办公的趋势，但如今面对新冠疫情的影响也正在改变态度。 推特是首家致力于远程办公的科技公司。2020 年 5 月，该公司首席执行官杰克·多西告知员工，许多人即使在新冠疫情结束之后也可以远程办公，相当于可以永久性远程办公。谷歌和脸书等科技公司也承诺，允许员工至少在 2020 年年底之前一直可以远程办公。观察性证据表明，各行各业的其他全球性公司也将会做出类似的决策，允许部分员工实现部分程度的远程办公。在新冠疫情的影响下，几个月前还难以想象的事情，如今却越来越普遍地成为现实。

那么，同样具有颠覆性的这类趋势会发生在高等教育领域吗？未来，在校园中接受高等教育的学生数量真的会大幅减少吗？2020年5—6月，面对疫情的继续肆虐，学生们不得不选择居家学习和在线完成毕业流程，这让许多面临期末的学生怀疑他们能否在9月重返校园。与此同时，各高校开始大幅缩减预算，并思考这一前所未有的形势将如何影响它们的办学模式。是该将教育转向线上呢，还是维持传统模式？疫情暴发之前，大多数高校都提供了一些在线课程，但都拒绝完全采用线上教育。最知名的大学也都拒绝提供虚拟学位，担心这会削弱学校学位的专属性，让一些教职员工变得冗余，甚至会威胁到实体校园存在的基础。后疫情时代，这些会发生变化。大部分高校——尤其是盎格鲁-撒克逊世界那些价格不菲的高校必须要改变它们的商业模式，否则会面临破产的结局，因为新冠疫情会淘汰掉原有的模式。如果2020年9月继续实行在线教学（或许会延续更长时间），许多学生估计难以容忍缴纳同样的学费却只能接受在线教育，因此会要求降低学费标准或者延迟开学。此外，许多学生也会质疑，面对当前如此严峻的就业形势，为接受高等教育而支付高昂的学费是否值得。潜在的解决方案可能是采取混合型模式。高校一方面大规模拓展在线教育，另一方面持续为不同学生群体安排校园活动。这种模式已经取得了一些成功，典型案例包括，美国佐治亚理工学院推出了计算机科学专业在线硕士学位。[140] 通过采取这种混合型教育模式，高校就可以在降低成本的同时继续为更多人提供教育。但问题是，如果有的高校没有资源进行科技投入，也无力打造高质量的专属课程，那么它们能复制这种混合型教育模式吗？当然，混合式在线教育也可以采取不同形式，比如通过在线聊天或者使用应用程序来进行教学辅导，或者为学生提供其他形式的支持和帮助，从而将现场教学和在线学习同时纳入统一的课程框架之下。这种做法的优势在于能够精简学习体验，但劣势在于失去了校园中大量的社会交往和人际互动机会。到了 2020 年夏季，教育发展的方向似乎已非常明确：和许多其他行业一样，教育也将部分走上云端。

韧性

疫情对大科技、身心健康、银行和保险、汽车及电力行业的影响

疫情期间，韧性或者在困境中生存的能力日益成为广受欢迎的“必选项”和世界各地的流行语。这完全可以理解。有些企业非常幸运，它们所处的行业对疫情“天然”具有韧性。对于这些企业来说，这场危机不仅相对容易接受，而且能在大多数行业面临困境的情形下，创造出新的盈利机会。后疫情时代，有三大行业（整体上）将实现繁荣发展，它们就是大科技、医疗和保健。

对于遭受疫情打击的其他行业，是否具有韧性将决定其会从新冠疫情的突然冲击中复苏，还是会在疫情中沉沦下去。银行、保险和汽车这三大不同的行业都必须增强韧性，才能顺利熬过这场公共卫生危机带来的严重且持久的衰退。

总体来看，大科技是最有韧性的行业，会成为这场急剧变革的最大受益者。疫情期间，随着企业及其客户被迫实行数字化，加快布局在线业务，应用新的社交工具和启动居家办公，科技成为绝对的必需品，即使对于以往不太情愿的客户也不例外。正因如此，领先科技公司的总市值在疫情期间连创纪录，甚至超出了疫情暴发之前的水平。基于本书前文详细介绍过的原因，这种现象短期内不会减缓，而会不断加剧。

和所有好的实践做法一样，韧性也是先从自身抓起。因此我们完全可以预测，后疫情时代，我们会更加深入地认识到身体和心理韧性的重要性。出于生活所需，人们越发渴望身心健康，也更加认识到加强自身免疫系统的重要性，因此身心健康有望得到改善，相应的保健行业将成为赢家。同时，公共卫生的角色将不断变化和拓展。身心健康必须通过全面的手段才能实现，在一个不健康的世界中，我们不可能做到独善其身。因此，关心地球生态和关心个人健康同等重要，这种平等关系特别有利于倡导我们前文所探讨的各项原则，比如利益相关者理念、循环经济和 ESG 战略等。在企业层面，环境恶化对健康的影响日益显著，空气污染防治、水资源管理和对生物多样性的尊重将变得头等重要。保持“清洁”将成为势在必行的行业趋势和消费者眼中的迫切需要。

和其他任何行业一样，数字化在塑造未来身心健康的过程中发挥着重要作用。如果综合利用人工智能、物联网、传感器和可穿戴科技，我们就能对个人身心健康获得新的认识。这些科技将能监测到我们的感受和感觉，也会逐渐模糊乃至最终消除公共医疗体系和个性化健康体系之间的界限。从周围环境到个人生活，各领域的大量数据能帮助我们更好地掌控自身的身心健康。后疫情时代，我们将能够精准掌握我们的碳足迹信息、我们对生物多样性的影响、我们消耗的食物成分以及我们周围空间环境的毒性，这将能够极大地增强我们的意识，帮助我们更好地了解个人和集体的健康状况。行业必须重视这一趋势。

社会对韧性的共同追求也会促进体育产业的发展，因为体育和健康息息相关。众所周知，体育锻炼能够极大地改善健康，体育被日益视作建设健康社会的低成本工具。因此，政府会鼓励体育实践，认可体育作为促进社会包容和融合的最有效工具之一，能够给社会创造额外价值。一段时间以内，社交隔离可能会限制某些体育活动的开展，但同时也能给蓬勃发展的电子竞技运动注入动力。科技和数字化向来形影不离！

有四大行业一直在艰难应付新冠疫情带来的各项挑战，它们展示了韧性的多元化特征。韧性在银行业是指要为数字化转型做好准备，在保险业是指要为潜在的诉讼案件做好准备，在汽车业是指要为潜在的供应链收缩做好准备，而在电力行业是指要为不可避免的能源转型做好准备。每个行业内部面临的挑战都是一样的，但只有韧性最强、准备最充分的企业才能真正“构建”成功的未来。

鉴于经营活动的特点，在经济危机来临时，银行往往处于风暴的中心。在本次新冠疫情中，银行面临双重风险。首先，银行必须要做好准备，防止消费者流动性危机发展成为重大的企业偿付能力危机。在此过程中，银行的韧性将面临严峻考验。其次，银行必须适应新冠疫情对传统银行业务的挑战，积极建立新型韧性，而这要求银行进一步提高适应能力。第一种风险属于“传统”的金融风险，银行可以通过多年的准备加以应对。各银行正在采取强大的资本和流动性缓冲措施，来应对这种风险，抵御潜在的强大冲击。在新冠疫情危机中，当不良贷款的数量开始增加，对银行韧性的考验也就开始了。第二种风险则明显不同。几乎是一夜之间，零售银行、商业银行和投资银行突然面临一个（通常）意料之外的情况，那就是必须将业务转至线上。由于不可能和同事、客户或交易员见面，银行就必须采取无接触式支付，而监管机构也会督促银行开展线上银行业务和交易，这要求整个银行业必须在转瞬之间转向数字银行业务。数字化转型已经在进行之中，而新冠疫情则迫使所有银行加速完成这一转型。但与此同时，数字化转型也加大了网络安全风险，如果处理不当，会影响整个银行业系统的稳定性。那些已经错过高速数字化列车的落后银行会发现自己难以适应和生存下去。

在保险行业，各类家庭保险和企业保险的客户已经提出了许多和新冠疫情相关的理赔申请，理赔类型涉及企业财产险、营业中断险、旅行险、人寿险、健康险和责任险（如工伤赔偿责任险和雇主责任险）。新冠疫情给保险行业带来了特别的风险，因为保险行业存在和运行的基础是风险分散原则，而政府强行采取的封禁措施干扰了这一原则。基于这一原因，全球成千上万的企业无法成功地申请理赔，它们要么进行数月（甚至数年）的诉讼，要么就等着破产。2020 年 5 月，保险行业相关数据预测，新冠疫情可能会给保险行业带来 2 000 多亿美元的损失，成为保险行业历史上损失最为惨重的事件之一，且如果疫情封禁措施超出该预测所考虑的周期，则保险行业的损失还会不断增加。对于保险行业而言，新冠疫情过后面临的挑战在于满足不断变化的客户保障需求，通过提高系统韧性，应对一系列“不可保的”灾难性风险，包括大流行病、极端天气事件、网络攻击和恐怖主义等。此外，保险行业还需积极应对超低利率环境，同时为预料之中的诉讼案件和史无前例的理赔与损失做好准备。

在过去几年中，汽车行业可谓淹没在了接二连三的挑战之中，从贸易和地缘政治的不确定性、销售额的下滑和二氧化碳排放罚款，到快速变化的客户需求和交通行业日益激烈的多重竞争（电动车、无人驾驶汽车和共享交通工具）等。此次新冠疫情更是加剧了这些挑战，极大增加了汽车行业尤其是供应链面临的不确定性。在疫情暴发的早期阶段，中国零部件的缺货对全球汽车生产造成了不利影响。未来数月乃至数年，汽车行业必须反思在供应链缩减和汽车销量可能下跌的背景下，如何调整整体的组织形式和经营方式。

在疫情的各个阶段，尤其是采取封禁措施期间，电力行业可谓劳苦功高，帮助世界大多数地区维持了数字化运行，支持各地医院继续运转，并确保各基础性行业能够正常运转。尽管网络威胁和需求方式变化带来了巨大挑战，但电力行业仍然维持正常供应，展示了对危机冲击的抵御能力。展望未来，电力行业必须应对挑战，加快推动能源转型。一方面，要加大投入力度，建设能源基础设施（比如可再生能源设施、氢气管道和电动车充电网络）；另一方面，要推动产业集群再建设（比如为了满足化工生产的需要，实现能源的电气化）。这两方面措施齐头并进，才能（通过创造就业和促进经济活动的形式）推动经济复苏，同时提升整个能源行业的韧性，促进清洁能源的生产。

*****

要实现微观层面的大重构，各行各业的每一家企业都需要探索新的经营方式、工作方式和运营方式。企图重走回头路的企业定将失败，而积极适应、勇于创新和灵活应对的企业终将化危为机。

第三部分

人性的重塑

COVID-19
The Great Reset

如同宏观和微观层面的影响，新冠疫情亦将对我们每一个人产生深刻而千差万别的影响。许多人的生活已被疫情彻底颠覆。目前，全世界大多数人被迫居家隔离，不能与亲朋好友相聚，个人生活和工作安排也完全被打乱，而且在财务乃至心理和身体健康方面都感到极度不安。疫情让我们深刻认识到人类与生俱来的脆弱、弱点和缺陷，承受着封禁措施带来的巨大精神压力，同时对未来的势态极不确定。这些心理变化悄无声息地改变着我们自身，以及我们与他人和世界的关系。对一些人来说，这次改变可能会促使他们重新开始自己的人生。

第九章

重新定义人性

_ 人性本善？人性本恶？

心理学家指出，与大多数重大变革一样，新冠疫情能激发人性中的至善与至恶。但究竟是善是恶？有哪些依据？

初看之下，疫情似乎使人们更加团结。2020 年 3 月，当时疫情最严重的意大利展现出全国上下团结抗疫的美好图景，这似乎是疫情肆虐的同时意外带来的积极效应。在意大利全民居家隔离期间，无数例子表明，人们不仅有更多时间陪伴身边的人，而且彼此之间也更加友善。这种集体观体现在生活的方方面面：歌剧明星在阳台上为邻居表演；人们每晚为医护人员唱诵赞歌（这一现象几乎传遍欧洲）；人们自发以各种方式互帮互助，支援有需要的人。从某种意义上说，这是件好事，之后，在全球各地封城抗疫期间，个人互助、社会团结的事迹不断涌现，引人瞩目。点点滴滴的善意、慷慨付出和无私奉献似乎成为各地日常生活的一部分。团结合作、社群主义、舍己为公、关爱他人等观念成为主流价值观。相反，凸显个人权力、名气和声望的现象遭人厌弃，“富豪名流”的受关注度也随着疫情的蔓延而逐渐消退。某评论家指出，新冠疫情能迅速“消除崇拜名人之风”，而崇拜名人正是我们现代社会的重要特征之一。他表示：“当整个社会停摆、经济发展停滞、死亡人数攀升，每个人的未来仿佛凝固在拥挤的公寓或富丽堂皇的豪宅里，阶层流动的梦想就此消散。两个阶层之间的差异从未如此明显。”[141] 种种现象不仅激起评论家的深思，也促使公众反思，新冠疫情是否激发了我们人性中至善的一面，从而引发对更深层意义的探索？人们会思考诸多问题，例如：经过疫情的磨砺，我们每个人和整个世界会变得更好吗？价值观会随之变化吗？我们是否会更乐于培养人际关系、维护社会关系？简而言之，我们会更乐于助人、同情他人吗？

然而，历史告诉我们，虽然飓风、地震等自然灾害会让人们紧密团结，但大流行病恰恰相反，会让人们离心离德。原因可能在于，突发自然灾害虽然猛烈，但通常持续时间较短，人们齐心合力，往往能速战速决，快速恢复。相比之下，大流行病持续时间长，人们出于对死亡的原始恐惧，在疫情迟迟不散的过程中，容易对他人产生不信任感。从心理学角度来讲，大流行病最重要的后果是带来极高的不确定性，进而使人心生焦虑。我们不知道明天会发生什么，疫情是否会卷土重来？我们爱的人会不会受到影响？我们能保住工作吗？这一切毫无保障，会让我们心神不安，深受困扰。寻求确定性是人的天性，因此我们需要"认知闭合"，会竭尽所能消除妨碍我们机能"正常"运转的不确定性和模糊性。大流行病蔓延之际，人们面临的风险颇为复杂，难以掌握，并且在很大程度上充满未知。因此，面对这种情况，我们更有可能节衣缩食，而非像在突发自然灾害或其他灾害时那样照顾他人的需求，这一点与媒体普遍宣传的情形相反。反过来，这也成为人们产生羞耻感的深层根源，这种情绪正是决定疫情期间人们心态和反应的关键。羞耻感是一种令人不适的负面道德情绪，混合了后悔、自责，以及对自己做了"不正确"的事所产生的模糊的"不光彩"感。无数以历史上流行病为背景的小说等文学著作都描述和分析了羞耻感，导致人们产生羞耻感的行为可能非常极端和骇人，例如父母抛弃孩子。短篇小说集《十日谈》讲述了1348年意大利佛罗伦萨暴发黑死病时，一群男女在乡村别墅避难的故事。在这本书的开头，作者薄伽丘写道："许多孩子被父母抛弃，无人照料，无人问津，自生自灭。"同样，从笛福的《瘟疫年纪事》到曼佐尼的《约婚夫妇》，许多关于流行病的文学作品都讲述了对死亡的恐惧往往会压倒其他一切人类情感。在以上每部作品中，个人迫于形势选择优先保住自己的性命，但随后对自己自私的选择产生了深深的羞耻感。值得庆幸的是，凡事总有例外。在此次新冠疫情期间，我们看到了种种暖心之举，比如，医护人员经常表现出远远超出职责范围的关爱和勇气。但他们似乎只是例外！历史学家约翰·巴里在《大流感》[142]一书中分析了一战末期西班牙流感对美国的影响。他指出，当时卫生工作者急缺志愿者，但流感疫情越重，人们自愿参与的意愿就越低。这场流感仅在美国的致死人数就达到一战期间美军死亡人数的12倍，但如今我们对1918—1919年这场大流感的了解相当有限，其中一个原因可能正是集体羞耻感。这或许也解释了为什么迄今为止关于这一事件的书籍或剧本如此之少。

心理学家称，认知闭合往往伴随着非黑即白的思维方式，人们倾向于选择简单的解决方案[143]，这很容易滋生阴谋论，也为谣言、假新闻、不实消息和其他有害思想的传播提供了便利。在认知闭合中，人们会去寻求领导力、权威性和明确性，因此（在社区内和领导人之间）信任谁、不信任谁，变成了至关重要的选择。在压力下，人们倾向于上下齐心，团结在宗族或群体周围，与同伴拧成一股绳，而不是躲在这种集体背后。自然而然，人们对周围人更加依赖，似乎变得像婴儿或体弱多病的人一样弱势、脆弱，对亲近的人也更加依恋，开始重新对我们所爱的家人和朋友燃起更强烈的感激之情。然而，这也会促使爱国主义和民族主义情绪高涨，宗教和种族情绪越发强烈，继而带来令人不安的负面效果。最终，这些问题集结起来，让整个社会表现出至恶的一面。2006 年度诺贝尔文学奖得主、土耳其作家奥尔汗·帕穆克在新作《瘟疫之夜》(定于 2020 年年底出版）中表示，当疫情来袭，人们总是会散布谣言和虚假信息，认为病毒是外国人恶意传进来的。在这种心态的驱使下，人们的做法与以往疫情暴发时一样，即开始寻找替罪羊。这也是为什么“从文艺复兴时期开始，在有关疫情的记载中，总能看到无法控制的意外暴力事件、传闻、恐慌和叛乱”。[144] 帕穆克补充道：“有关疫情的历史和文献表明，受难民众所经历的痛苦、对死亡的惧怕、形而上的恐惧和荒诞的感觉越强烈，他们的愤怒和政治不满就越强烈。”

新冠疫情清晰表明，虽然世界各地联系紧密，但国家之间甚至是国家内部在很大程度上缺乏团结。在封禁期间，令人动容的个体团结虽有所显现，但也不乏自私行为。在全球范围内，互帮互助的美德明显缺失，尽管人类学研究表明，人类的与众不同之处恰恰在于能够相互合作，并在此过程中发挥团队优势，促成“1+1 ＞ 2”的成果。那么，新冠疫情是会刺激人们自我封闭，还是会激发我们与生俱来的同理心和合作意识，促使我们更加团结？人类在以往几次大流行病中的表现并不乐观，但在此次疫情中，人们的反应有了根本性改变。所有人都意识到若不通力合作，我们将难以应对共同面临的全球挑战。简而言之，若不协力解决生存挑战（包括环境和全球治理急剧恶化等），我们必将走向末路。因此，我们别无他法，只能召唤出我们人性中的善良天使。

_ 道德选择

此次疫情暴发后，无论是否情愿，我们所有人（包括公民和决策者）都被迫参与哲学层面的深入讨论，思考如何在尽可能降低损失的前提下，最大限度地实现共同利益。首先，我们需要深入思考共同利益的真正含义。共同利益意味着对整个社会有益，但我们应当如何共同做出对整个社会最有益的决定？是不惜一切代价保持 GDP 增长，维持经济活力，防止失业率上升，还是照顾社会上的弱势群体，让一部分人为他人做出牺牲，抑或是寻找中庸之道？若是折中，又该怎样做出取舍？一些哲学思想流派，例如主张个人自由高于一切的自由主义和追求“最大群体最大幸福”的功利主义，甚至可能根本不赞同“共同利益”这一概念本身。这样不同道德理论之间的冲突能否被调和？此次疫情将这种冲突推到台前，对立流派之间的争论异常激烈。许多完全出于经济、政治和社会考虑所做出的决定，常常被认为“冷酷”和理性，但其实这些决定受到了道德哲学的深刻影响，因为决策者都竭力为该采取何种行动寻找理论依据。事实上，所有为更好应对此次疫情而做出的决定都可以被视为一种道德选择，这表明人类在几乎所有情况下都是经过道德考虑才采取行动的。我是否应该对那些一无所有或与我意见相左的人表示同情？是否可以为了更大利益对公众撒谎？是否可以不对感染新冠病毒的邻居施以援手？是否应该为维持公司运营、保住一部分人的工作而裁掉另一部分员工？是应该躲进度假屋，让自己更安全、更舒适，还是应该将其无私贡献给那些比我更需要的人？是否应该无视封禁令去帮助朋友或家人？每一个或大或小的决定都关乎道德，而我们如何选择，最终决定了我们能否通往更好的生活。

与道德哲学中的其他理论一样，共同利益的概念难以捉摸，且饱含争议。自新冠疫情暴发以来，人们围绕共同利益展开了激烈争论，探讨在应对此次疫情时，究竟是该使用功利主义的计算方法，还是该坚持生命神圣不可侵犯的原则。

在防疫封禁初期，人们对公共卫生与经济增长之间的取舍展开激烈争论，道德选择问题由此表现得淋漓尽致。正如前文所说，几乎所有经济学家都驳斥了“牺牲几条人命便可拯救经济”这种说法，但专家的发声作用甚微，人们对此仍然争论不休。在某些国家，特别是美国，一些政策制定者认为，经济至上合情合理，他们选择的政策在亚洲或欧洲根本不可能站住脚，如果有人提出这种方案，那么无异于政治自杀。（这可能解释了为何英国首相约翰逊最初主张群体免疫政策，而后又慌忙撤回，该种政策常常被专家和媒体认为是典型的社会达尔文主义。）将经济置于生命之上的传统由来已久，无论是17世纪英国伦敦大瘟疫期间的锡耶纳商人，还是1892年德国汉堡那些试图掩盖霍乱暴发的商人，都是这种思想的拥趸。然而，在我们掌握了先进医学知识和科学数据的今天，这种传统思想还能继续活跃，似乎与时代不符。“繁荣美国人协会”等团体提出，经济衰退会让人没有活路。这无疑是事实，却也是基于道德考虑的政策选择。在美国，经济衰退确实会使很多人丧命，因为有些人没有参加任何社会保障体系，或者受保障程度有限。安妮·凯斯和安格斯·迪顿经过详细分析后表示，一个人在没有国家支持和医疗保险的情况下失业后，往往会“死于绝望”，包括自杀、吸毒或酗酒过量等。[145] 在美国以外的地区，也会有人因经济衰退而丧生，但医疗保险和劳工保障方面政策的落实可以大幅减少死亡人数。归根结底还是道德选择的问题——是推崇个人主义还是集体主义。这是个人和集体的共同选择（可通过选举来表达），但新冠疫情反映出，高度个人主义的社会不善于表达团结。[146]

随着2020年年初暴发的第一波新冠疫情逐渐消退，我们现已步入后疫情时代，但全球许多经济体仍深陷衰退危机。从政治角度来看，这时再加大封禁力度极不明智。即使对最富有的国家来说，无限期的封禁也是不可承受之重，恐怕连能不能挺过这一年都很难说。长期封禁将导致严重后果，尤其是失业问题将对社会底层贫困群体造成巨大影响，使个人生活质量急剧下降。正如印度经济学家、哲学家阿马蒂亚·森所言："疾病缠身可夺人性命，生计无着同样是死路一条。"[147] 鉴于病毒检测和接触者追踪技术已得到广泛应用，个人和集体的许多决策必然会涉及复杂的成本效益分析，有时甚至是"残酷"的功利计算。每一项政策决定都要经过小心翼翼的权衡取舍，是尽量挽救更多生命，还是力保经济正常运转？尽管尚存争议，有些生物伦理学家和道德哲学家认为，在分析疫情后果时应计算损失（或挽救）的寿命年数，而不仅仅局限于已经造成（或本可避免）的死亡人数。生物伦理学教授、《你能拯救的生命》一书的作者彼得·辛格是这一主张的有力支持者。他举了一个例子：意大利新冠肺炎死亡病例的平均年龄接近 80 岁，考虑到这当中很多患者不仅年事已高，而且还有潜在的健康问题，意大利人在新冠疫情中实际损失的寿命年数究竟有多少，是一个值得思考的问题。经济学家粗略估计，疫情导致意大利人平均寿命缩短 3 年，这一数字远低于战争情况下的损耗，战时死亡人口以年轻人为主，因此平均寿命减幅通常高达 40 年或 60 年。[148]

举这个例子是为了阐明以下问题。如今，全世界几乎每个人对所在国的封禁措施都有自己的评价：这些措施是过于严厉还是尚有不足？封禁期应该缩短还是延长？这些措施有没有落实到位、被正确执行？同时，大家往往将防疫封禁归为"客观事实"。

实际上，我们每时每刻所做评判的背后，都有高度个人化的道德思考。简而言之，我们表达的事实或观点都是疫情之下基于自身是非观念做出的道德选择，从中可以看出我们的人生态度。仅举一个简单的例子，世界卫生组织和大多数国家卫生部门建议我们在公共场合戴口罩，但它们提出的这项必要且简便的防疫措施变成了政治争论的焦点。在美国等个别国家，戴不戴口罩已成为政治敏感问题，因为有人认为这一措施侵犯了人身自由。但在其政治意味之外，是否在公共场合戴口罩其实是一种道德选择。这是否能在一定程度上揭示个人抉择背后的道德原则呢？或许可以。

疫情也迫使我们（重新）思考公平的重要性，公平是一个高度主观的概念，但对社会和谐至关重要。当我们将公平维度纳入考量时不难发现，经济学中一些最基本的假设都包含道德因素。例如，在研究供求规律时，应考虑公平或公正吗？对这一问题的回答反映了我们自身的哪些特点？在 2020 年年初疫情最严重的那段时间，食用油、卫生纸等生活必需品以及口罩、呼吸机等关键防疫物资一度出现短缺，这个经典的道德问题就摆在了我们面前。这时候正确的应对措施是什么？是让供求规律自由发挥作用，任由物价暴涨，直至市场出清，还是适当干预，调控需求乃至价格？诺贝尔经济学奖得主丹尼尔·卡尼曼和理查德·泰勒在 1986 年撰写的一篇著名论文中探讨了这个问题，并得出结论：从社会角度来看，在紧急情况下哄抬物价完全不可接受，因为此举有违公平。一些经济学家可能会认为由供求关系引发的价格上涨可有效抑制恐慌性囤货，但大多数人认为这个问题与经济学关系不大，更关乎于公平感，也就是道德判断。大多数企业都明白，在疫情等极端情况下，抬高口罩或洗手液等急需品的价格不仅令人反感，更是公然挑战道德和社会底线。因此，亚马逊网站禁止平台商家哄抬价格，大型零售连锁企业也未选择提价，而是采用限购措施缓解物资短缺问题。

很难说这些道德考量是不是一种返璞归真，目前也无法确定疫情过后它们是否仍会对人们的态度和行为产生持续影响。至少可以说，现在，我们每个人都更清楚地认识到我们的决策是价值观的映射，并受道德选择影响。不妨据此大胆假设，如果将来我们能摒弃自私自利这个危害社会互动的“毒瘤”，包容性和公平性等问题或许就能得到更多关注。正所谓“一个愤世嫉俗的人知道所有东西的价格，却不知道任何东西的价值”，王尔德在 1892 年留下的这句名言便深刻阐释了这一点。

第十章

心理健康

多年来，心理疾病呈现“全球化”趋势。新冠疫情使情况进一步恶化，未来也难见起色。2020 年 5 月，有心理学家刊文称，新冠疫情对心理健康造成了极其严重的影响。[149] 这番观点似乎得到了同行的普遍认可，其中当然也包括那些我们与之交谈过的心理学家。

与生理疾病患者不同，心理疾病患者内心往往藏着非专业人士肉眼看不见的创伤。心理健康专家发现，心理健康问题在过去 10 年出现爆发性增长，从抑郁、自杀到精神错乱、成瘾性疾病，不一而足。2017 年，世界卫生组织估计全球抑郁症患者已达 3.5 亿人，并预测到 2020 年抑郁症将成为仅次于缺血性心脏病的全球第二大疾病，到 2030 年将升至第一。同年，美国疾病预防与控制中心估计超过 26% 的美国成年人受抑郁症困扰，大约每 20 人中就有 1 人出现中度到重度症状。该中心还估计，美国在 2017 年有 25% 的成年人罹患心理疾病，近 50% 的人一生中至少会患一种心理疾病。[150] 其他大多数国家患有心理疾病的人数占比和趋势大多与此类似，但可能没有这么严重。此外，职场心理健康已成为企业不可忽视的重要问题。由工作引起的压力、抑郁、焦虑不断蔓延，日益严重。例如，2017—2018 年，英国人因健康问题损失的工作日中有一半以上（57%）就是由压力、抑郁和焦虑所致。[151]

新冠疫情给我们许多人烙下了经年难愈的心灵创伤。在疫情暴发的最初几个月，我们极易落入可得性偏差和显著性差异这两种心理捷径的圈套，以至太过关注或纠结于疫情及其危险性。（可得性偏差使我们在评价某件事情时依赖脑海中最先浮现的例子，显著性偏差则使我们倾向于关注那些更突出或更具情感冲击力的事物。）几个月以来，有关疫情的新闻铺天盖地，几乎无一例外全是负面消息。媒体无休止地报道死亡人数、感染病例等不容乐观的消息，再配上震撼人心的图片，肆意刺激人们的集体想象力，导致我们对自身及亲人安危的担忧疯狂滋长。这种恐慌氛围对我们的心理健康产生了严重影响。此外，被媒体放大的焦虑情绪还会一传十、十传百，四处蔓延。受上述因素影响，疫情对许多人来说都是一场现实悲剧：人们或是因收入缩水和工作不保而在经济上备受打击，或是因家庭暴力、强烈的孤立感和孤独感、无法体面送别逝去亲人而在精神上饱受折磨。

人类本质上是社会性动物，陪伴和社交是我们人性的重要组成部分，一旦缺失，我们的生活将被彻底打乱。封禁措施和社交隔离会对社会关系造成极大破坏。疫情隔离期间正是我们最需要社会关系的时候，而社会关系的疏远加剧了焦虑情绪的扩散。在这一特殊时期，我们不得不避免握手、拥抱、亲吻等传统礼节，孤立感和孤独感油然而生。目前，我们仍不知自己能否完全回归疫情前的生活，更不知恢复常态的那一天何时才能到来。在疫情的任何阶段，特别是在隔离末期，即使急性压力期已经过去，我们仍可能出现精神不适，心理学家将其称之为“四分之三现象”。[152] 例如，极地科考人员和宇航员在长期与世隔绝后，往往会在任务快要结束时出现紧张等心理问题。如今因为疫情，发生在他们身上的这一现象变成了全球性的问题，对我们的心理健康造成极其严重的影响。第一波疫情已经基本得到控制，但我们仍在担心另一波疫情是否将会到来，这种负面情绪可能会滋生集体性的痛苦。很多以往再正常不过的活动无法开展，连制订计划都不可行（例如探访国外的亲友、提前做好大学下学期的规划、找份新工作），我们因此失去了许多应有的乐趣，这可能会让我们感到迷惑和沮丧。许多人在封禁解除后的头几个月里，还将为一系列两难选择而紧张不安。乘坐公共交通工具是否安全？前往喜欢的餐厅是否冒险？前去看望年迈亲友是否合适？在未来很长一段时间内，很多人（特别是那些年老者或体弱者）在面对这些日常决定时将被恐惧支配。

在本文撰写之时，疫情对人们心理健康的影响还无法粗略量化或评估，但我们仍可预知大致趋势，主要包括以下五点：（1）抑郁症等心理疾病患者将日益受到焦虑情绪的折磨；（2）社交隔离措施会导致心理健康问题恶化，且措施解除后影响仍将持续；（3）失业造成的家庭收入下降将使很多人绝望至死；（4）疫情期间，家庭暴力和虐待事件将不断增加，妇女和儿童尤受其害；（5）儿童等弱势群体，即那些需要照顾、在社会经济地位上处于弱势或因身患残疾而需特别关照的人群，将更易遭受更多精神困扰。以下为一些详细情况。

在疫情暴发的最初几个月出现了心理问题激增的情况，在后疫情时代这种情况还将恶化。2020 年 3 月，时值新冠疫情暴发初期，有研究团队在《柳叶刀》上发表了一项研究，发现防疫隔离措施会引发一系列严重的心理健康问题，包括心理创伤、惶惑和愤怒。[153] 虽然很大一部分人不会因此患上最为严重的心理健康疾病，但他们必然会遭受不同程度的压力。首先，那些容易患上心理疾病的人会因封禁、隔离等让人憋闷的防疫措施而面临更严峻的心理挑战。有些人能经受住疫情的考验，但对于某些人来说，抑郁或焦虑情绪可能会愈演愈烈，甚至发展到极其严重、急需临床治疗的地步。疫情还使许多人首度出现躁狂症、抑郁症和其他精神疾病引发的严重情绪障碍。其诱因都与疫情和封禁有直接或间接的关系，例如孤立感和孤独感、对染病的忧惧、失业、丧亲之痛以及对亲友的担忧等。2020 年 5 月，英格兰国民医疗服务体系心理健康临床主任提请一个议会委员会注意这一问题。他称："一旦封禁解除，人们对心理健康服务的需求将'显著'增加，一些患者在未来多年都需要心理创伤治疗。"[154] 其他国家的情况恐怕也将大同小异。

家庭暴力事件在疫情期间有所增加，不过因为隐而不报的情形仍比较普遍，所以很难统计确切的增长数据。但毋庸置疑，焦虑情绪和经济的不稳定性共同促成家暴事件数量攀升。封禁措施为家暴多发创造了"天时地利"的条件：受害者因为隔离无法与朋友、同事和其他家人见面，不得不与施虐伴侣（这些人往往更易受到压力刺激）朝夕相处，整天被其监视，很难甚至根本无法逃跑。这些条件助长了现有的虐待行为，使受害者及其子女几乎找不到任何出门喘息的机会。据联合国人口基金预测，按封禁期间家庭暴力增长 20% 计算，封禁期如按 3 个月计算，其间将增加 1 500 万起家暴事件，6 个月将增加 3 100 万起，9 个月将增加 4 500 万起，1 年将增加 6 100 万起。这些数字是涵盖了全球所有 193 个联合国会员国的预测结果，如与已披露的数据对照，可以看出性别暴力的漏报、瞒报问题有多严重。总而言之，封禁期每增加 3 个月，性别暴力事件就会增加约 1 500 万起。[155] 家庭暴力在后疫情时代的变化趋势尚难预测。艰苦条件将导致家暴更易发生，但这在很大程度上将取决于各国如何抑制家庭暴力，即如何加强防护、社会服务和关怀，以及如何应对因疫情增长的暴力行为发生率。

在本节的最后，我们还想探讨一个问题：视频通话是否有损心理健康？这个说法看似缺乏科学依据，但在当前在线会议盛行的时代颇具现实意义。在封禁期间，视频通话对许多人来说是个人和事业的救命稻草，使我们能够保持人际交往、异地恋爱以及与同事的联系。但视频通话也引发了精神疲惫的现象，即我们常说的“Zoom 疲劳”，不管用哪种视频软件都会如此。在封禁期间，所有人通过屏幕进行视频交流，相当于进行了一次新的大规模社会实验。我们发现，人脑难以进行虚拟互动，有时甚至会因此产生不安情绪，尤其是当虚拟互动差不多“垄断”一切职业和人际交流时，情况会更加严重。人类是社会性动物，对我们来说，通常在现实社交互动中发生的许多微小的、往往是非言语的细节，对沟通和相互理解至关重要。当我们与他人面对面交流时，我们不仅关注对方所说的话语，还密切留意他发出的众多非言语信号，这些信号有助于我们理解对方。例如，他的下半身是面朝我们，还是转向另一侧？他的手在做什么？他的肢体语言总体给人什么感觉？他的呼吸如何？视频通话使我们无法对这些带有微妙含义的非言语信号进行解读，迫使我们只专注于对方的话语和面部表情，而面部表情有时会因视频画质而失真。在虚拟对话中，我们不得不保持长时间的眼神接触，这很容易产生压迫甚至威胁意味，特别是对话双方为上下级关系时，更会如此。如果使用视频界面的“画廊”视图，这一问题还会更加严重。太多人显示在同一视图中，可能会对我们大脑的中心视觉造成负担。人脑有一个阈值，人数太多，超过这个阈值，我们就会一时看不过来。心理学家称之为“持续性局部注意力”，这就好像我们的大脑在尝试同时处理多项任务，结果当然是徒劳无功。在通话结束时，由于枉费工夫地不断寻找非言语信号，我们的大脑已经完全不堪重负，因此感到筋疲力尽、灰心丧气，而这又会对我们的心理健康产生负面影响。

新冠疫情导致更多人遭受更多样、更严重的心理健康问题。如果没有此次疫情，很多人可能短期内本不会出现这些问题。总之，新冠疫情加剧了（而不是修复了）心理健康问题。然而，与疫情在其他许多方面的影响一样，心理健康问题的加速蔓延，也促使公众进一步认识到此类问题的严重性。心理健康是影响人们生活满意度最重要的一项因素[156]，早已引起决策者的注意。在后疫情时代，心理问题可能已经得到应有的重视，这可以称为一次至关重要的转变。

第十一章

人生重要事项的变化

前文已花了不少笔墨探讨疫情可能给我们带来的种种影响，如改变我们的思维方式和行为方式。然而，一切都还为时尚早，我们甚至无法确定疫情是否已经过去。在缺乏足够数据和研究的情况下，对未来的所有推测都如空中楼阁。尽管如此，对于本书所讨论的宏观和微观问题，我们还是可以预见一些可能的变化。新冠疫情迫使我们观照此前未曾考虑过的内在问题，若非疫情和封禁，很多问题可能永远也不会浮出水面。反思这些根本问题，就是重构认知地图的开始。

像疫情这样的生存危机让我们直面内心的恐惧和焦虑，同时也为我们提供了绝佳的自省机会。危机促使我们抓住实质性问题，并给出更有创造性的回答。历史告诉我们，新的个人和集体组织形式往往诞生在经济和社会萧条之后。前文讲述了流行病彻底改变历史进程的真实案例。常言道："需要乃发明之母。"灾祸横行之际，往往也是创新蓬勃发展之时。在新冠疫情期间，这一点尤为适用。除了上千万奋战在一线的医护人员、照常工作的便利店和超市员工，以及家有幼童的父母或照顾老人或残障亲属的人士之外，对于大多数人来说，疫情打乱了高速运转的生活"常态"，迫使我们放慢脚步，给了我们更多的时间进行反思。大把宁静的独处时光（尽管独处过久有时会带来孤独感）可视为疫情给我们的"馈赠"，让我们每个人以及整个社会得以放慢脚步深入思考：我们是谁？真正重要的是什么？哪些是我们真正想要的？这段时期的强制性集体反思或将引起行为的转变，反过来又会引发我们对信仰和信念更深刻的反思，或将最终改变我们对事情的取舍抉择，进而影响我们日常生活的方方面面，比如社交、照顾家人朋友、锻炼身体、健康管理、购物、子女教育以及我们如何看待自己在这个世界的位置。越来越多看似平淡无奇的问题亦将摆在我们面前，比如，我们清楚什么是最重要的吗？我们是否太自私，过度专注于自我？我们是否把事业看得太重，在工作上花费了太多时间？我们是否沦为了消费主义的奴隶？感谢疫情按下"暂停键"，让我们停下来思考。后疫情时代我们对这些问题的回答与疫情发生前相比，很可能已经有所不同。

让我们放飞思绪，敞开思路，想一想这些潜在变化。在我们看来，即使它们发生的概率并不高，但仍然超出普遍预期。

_ 创造性

“所有杀不死我的，都会让我变得更强大。”尼采的这句话虽然已是老生常谈，但的确言之有理。然而，并不是每个从疫情中幸存下来的人都会变得更强大，事实远非如此。真正做到这一点的只是极少数，他们的行动和成就在当时听起来可能微不足道，事后看来却有着巨大影响。创造性思维是其中的关键，对时间和地点（如行业）的准确把握也同样重要。几乎可以肯定的是，未来几年，我们将在数字和生物技术领域看到初创和新兴企业的创造力大爆发。借疫情的东风，这两大领域最具创造力和独创性的人才将取得长足的创新与发展的机会。优秀企业家亦有机会大展身手！

科学、艺术领域也可能焕发创新活力。历史上的名人事迹印证了疫情封禁可以激发创造力。在黑死病期间创造卓越成就的牛顿就是一个典型例子。1665 年夏，英国剑桥大学因黑死病被迫停课，牛顿回到林肯郡的家中住了一年多。在这段迫于无奈的隔离岁月，牛顿爆发了惊人的创造力，创立多项理论，尤其是提出了引力平方反比定律（他家旁边有一棵苹果树，他由苹果落地联想到月球的轨道运动，由此受到启发，发现万有引力），为他的重力和光学理论奠定了基础，这一年也因此被称为牛顿的“奇迹年”。[157]

隔离激发创造力的原则也适用于文学，西方世界一些最著名的文学作品都是由此诞生。有学者认为，1593 年伦敦瘟疫期间剧院被迫关停，推动了莎士比亚由戏剧转向诗歌创作，正是在此期间，他出版了广为流传的叙事长诗《维纳斯与阿多尼斯》，诗中女神维纳斯恳求少年阿多尼斯给她一个吻，“把疫疠从应降大灾的年月中袚除绝”。几年后，17 世纪初，英国再次暴发鼠疫。官方出台规定，当一周内疫情死亡人数超过 30 人，剧院演出必须取消，因此伦敦的剧院经常关闭。剧院关停、剧团禁演让莎士比亚得以潜心创作，仅仅在 1606 年，他就创作了《李尔王》、《麦克白》和《安东尼与克莉奥佩特拉》三部剧作，因此，这一年成为莎士比亚的高产之年。[158] 俄国著名作家普希金也有类似的经历。1830 年，普希金所在的下诺夫哥罗德市霍乱流行，他因此困居于一座乡村庄园。忧郁已久的他突然感到如释重负，怡然自得。隔离的三个月是普希金一生中最富有创造力、最高产的时期，在此期间他完成了代表性杰作《叶甫盖尼·奥涅金》并创作了多部短篇作品，其中有部短剧名为《瘟疫流行时的宴会》。

我们引用这些历史事例，说明在灾祸和瘟疫期间，伟大艺术家的个体创造力会有如泉涌。当然，这不是为了淡化新冠危机对全球文娱产业造成的毁灭性影响，也不是为了转移我们的注意力，而是提供一束希望之光和灵感来源。人类社会文化和艺术领域的创造力最为丰富，并且历史已经证明，这种创造力能够成为帮助人类从危机中恢复的重要助力。

类似的事例不胜枚举。这是一种不同寻常的恢复方式，但并不令人感到惊奇，因为灾难发生之时，往往也是人们的聪明才智和创造力迸发之刻。

_ 时间

在约书亚·费里斯 2007 年出版的小说《当我们来到尽头》中，一位人物谈道："感觉有些日子比其他日子更长，一天像是两整天。"在全球疫情的背景下，世界各地的人们都有这种感受，疫情改变了我们对时间的感觉。很多人在封城期间感到度日如年，但是回头看每一周又都快得出奇。除了那些奋战在一线的人（我们所提及的所有抗疫工作人员），大部分居家隔离的人感到日子一成不变，每一天都和前一天以及后一天如此相似，工作日和周末也几乎一样。所有的时间标识和边界都消失了，时间似乎变得无迹可寻、不可分辨。另外一个与此截然不同但体验相似的情境是拘禁，经历过此种最严酷、最极端的隔离体验的囚徒可以证实这一点："时间过得很慢，但你一觉醒来突然发现一个月已经过去了，于是你感慨，时间都去哪儿了？”曾多次被捕入狱的俄国革命家维克多·谢尔盖表达过同样的感受：“时间过得很快，但每一秒都很长。”[159]种种现实会使我们重新审视与时间的关系，更好地认识到时间有多宝贵，从而更加珍视时间吗？我们生活在一个飞速向前的时代，科技创造了“即时”文化，一切都变得空前快速。在这个“即时”社会，人们所需要的必须立刻得到满足，我们总是抓紧一切时间，生活节奏不断加快的感觉令人烦躁不安。疫情隔离经历会改变这些吗？在个体层面，我们又能否在后疫情时代，像采用“准时制”的供应链那样放缓脚步，寻求更强的韧性和更平和的内心？应对疫情，我们需要增强心理韧性，这能否促使我们放慢脚步，更加留意时间的流逝？或许会如此。这可能是疫情和封禁带来的一个意想不到的好处。我们将更能发觉、更易感知到时间标识，即那些与朋友和家人一同度过的美好时刻，季节更迭和时序变迁以及各种需要一些时间但有益身心的小事（比如与陌生人交流、聆听鸟儿歌唱或是欣赏一件艺术品）。在后疫情时代，我们将以一种不同的方式珍惜时间，追求更有意义的快乐，重启我们的生活。[160]

_ 消费

自疫情暴发以来，许多专栏作家和分析师都认定新冠疫情将对我们的消费模式产生影响。他们中有相当一部分人认为，后疫情时代我们会更注意消费选择和习惯产生的影响，并会减少某些形式的消费。与此相反的是，一些分析师预测，解封后“报复性消费”将以消费浪潮的形式出现，人类的欲望会强势回归，重新回到疫情前的主流消费模式。迄今为止，报复性消费尚未出现。而如果我们能首先在全社会营造一种自我克制的氛围，报复性消费或许就不会发生。

我们在关于“环境的重建”一章中已对这种假设的根本论点进行过论述：全球疫情令公众心生敬畏，人们已经意识到环境恶化和气候变化的威胁万分严峻。

人们对不平等问题的强烈关注和深切担忧，加上意识到社会动乱可能随时在我们身边真实上演，也会对消费模式产生影响。当极端不平等到达一个临界点时，就会开始侵蚀社会契约，加重反社会（甚至是犯罪）行为，而这些行为常常直接损害公民财产。为了防止此类事件发生，人们的消费模式必须改变。改变将会如何发生呢？炫耀性消费将不再受追捧。拥有最新款式、最潮品牌将不再成为一种地位的象征，有可能被认为不入流，甚至会有被鄙视的可能。身份标志将彻底改变。通过购物和炫富来展示身份将成过时之举。简单说来，在被失业、贫富悬殊和环境问题困扰的后疫情时代，炫富将不被接受。

日本等国的未来发展趋势为我们提供了参考。经济学家一直担心世界可能会“日本化”（本书宏观篇章也曾提及），但是“日本化”也有积极的一面，日本为我们未来的消费发展提供了方向。日本是贫富差距最小的高收入国家之一，而且在 20 世纪 80 年代末经济泡沫破灭后，日本的炫耀性消费一直处于较低水平，这两个特征相互关联，也使日本明显有别于其他富裕国家。今天，积极的极简主义价值观（由近藤麻理惠倡导，风靡全球）、对生命意义和目标的终身寻求（ikigai）、重视自然的传统和森林沐浴（shirin-yoku）等做法受到世界各地人们的效仿。这些观念与消费主义相对，都提倡一种更为节俭的日式生活方式。北欧国家也有类似的现象，当地人都厌烦而且避免炫耀式消费。这种生活方式并没有降低人们的幸福感，相反让他们活得更加开心。[161] 心理学家和行为经济学家不停地提醒我们，过度消费并不等于快乐。这或许会成为另一种返璞归真，即认识到任何形式的炫耀性消费或过度消费对于人类和地球都不是一件好事。人们继而会认识到个人的自我实现和满足感并不依赖于毫无止境的消费，而是相反，节俭使人更快乐。

自然与健康

在极端混乱和不确定的时期，应如何管理自己的焦虑和恐惧情绪？此次疫情提供了一次实战演练。这场疫情让我们清楚地认识到，对于我们如今面临的种种疾病，大自然是强有力的解药。大量最新研究为我们提供了确凿的证据。神经科学家、心理学家、医生、生物学家、微生物学家、身体活动专家、经济学家和社会科学家，都在各自不同的领域解释了为何大自然会让我们感觉身心愉悦，大自然如何缓解生理和心理上的痛苦，为什么身心健康与大自然息息相关。另一方面，这些解释也证明了为什么脱离丰富多样、对动植物兼容并包的大自然会对我们的身心健康和情绪情感产生负面影响。[162]

新冠疫情的到来和权威卫生机构都在不断提醒我们，每天都要多运动，以保持身体健康，这也表明要将上述考虑始终放在首位。封城期间人们各式各样的感慨也表明，居于都市的人们是多么渴望绿色，渴望森林和公园，渴望接触到哪怕仅仅是一棵树。即使是在法国这种封城措施最严格的国家，卫生机构依然要求人们每天都要花一些时间到户外活动。在后疫情时代，没有人会忽视大自然在人们生活中的核心地位以及不可或缺的作用。全球疫情可能让更多人认识到了这一点（从现在开始，几乎所有人都认识到了这一点）。在个体层面，人们之间的交流会更频繁、更深刻，而在宏观层面，人们会像我们前文论述的那样推动保护生态系统，推行生态友好型生产生活方式。我们现在知道，如果缺少与大自然和其所承载的生态多样性环境的接触，我们的身心健康可能会受到严重损害。

全球疫情期间，保持社交距离、勤洗手、戴口罩的规定（包括通过自我隔离保护弱势人群）是防止感染新冠病毒的规范操作，需要我们时刻遵守。不过，免疫力和炎症是另外两项非常重要的抵御病毒的要素，它们的效用取决于我们和大自然的接触情况。免疫力和炎症都能保护我们，但是随着年龄的增长，免疫功能会退化，而炎症会加剧。为了提高我们战胜病毒的可能性，我们必须增强免疫力，抑制炎症。在这个过程中，大自然发挥着怎样的作用呢？科学研究表明，大自然的作用是首要的。我们的身体时刻经历着低水平炎症，这会导致从心血管疾病到抑郁等各种疾病和紊乱，并减弱我们的免疫功能。对于居住在城市、城镇和工业化地区的人群来说，这种残存的炎症更为普遍。缺少与大自然的接触会引起更严重的炎症，这已是公认的事实。研究表明，在森林度过两小时能够降低细胞活素（炎症标志物）水平，继而缓解炎症。[163]

这些归根结底是我们对生活方式的选择，不仅涉及我们在大自然中度过时间的长短，还关系到我们的饮食习惯、睡眠方式和运动量。选择有益的生活方式会带来喜人的变化，年龄并不一定要听天由命。大量研究表明，亲近自然、精简饮食和体育锻炼会延缓甚至会逆转我们的生物衰老进程。衰老并不是一种宿命。锻炼、多亲近大自然、食用未经加工的食品，都有提高免疫力、抑制炎症的双重好处。[164] 这与上述有关消费习惯的论点相吻合。如果这些最新证据还不能增强人们对负责任消费的意识，那着实令人吃惊。但最起码，减少掠夺、促进可持续发展的趋势已逐渐明朗。

全球疫情使人返璞归真，让我们重新认识到大自然的重要性。在未来的道路上，加强对自然资源的关注变得越发重要。

结　论

2020年6月，在新冠疫情暴发近6个月之后，世界形势已截然不同。在这短短的6个月内，新冠疫情已经引发了巨大变化，凸显了社会经济长期以来一直面临的裂痕，并加剧了此前人类面临的多项重大挑战，包括日益加剧的不平等问题、普遍存在于人们心中的不公平感、不断扩大的地缘政治鸿沟、政治极化、越来越高的公共财政赤字和居高不下的债务、效率低下甚至缺失的全球治理以及过度的金融化和环境恶化等。新冠疫情灾难会是狂风暴雨来临前的电闪雷鸣吗？它能触发一系列深刻的变革吗？我们无法预知10个月后的世界状况，更遑论10年后的世界，但我们可以确定的是，如果不采取行动来推动当今世界的大重构，未来的世界定将风雨飘摇。在加夫列尔·加西亚·马尔克斯的小说《一桩事先张扬的凶杀案》中，整个村庄都预见到了即将到来的灾难，但没有一个村民愿意或能够阻止这场灾难的发生，直至一切为时已晚。我们不想成为那样的村庄。为了避免那样的结局，我们必须即刻推动世界的大重构。这绝非“锦上添花”之选，而是“势在必行”之举。纵观历史发展轨迹，如果不能解决和消除社会经济中根深蒂固的顽疾，我们必将面临更大的风险，最终依靠冲突甚至革命等暴力手段才能完成世界的大重构。由此可见，勇敢面对当前困境，我们每一个人都责无旁贷，而新冠疫情恰好为我们提供了这样的机会：它“为我们提供了千载难逢、但稍纵即逝的机会，让我们反思世界，推动世界进行大重构”。[165]

新冠疫情激发的深层危机为我们提供了大量机会，促使我们反思社会经济如何运作，又为何失灵。反思的结果一目了然：我们需要改变，我们应当改变。但是，我们能做出改变吗？我们能从过往的错误中学习到什么吗？新冠疫情能否打开通往美好未来的大门？我们能够恢复世界秩序吗？简单来说，我们能推动世界进行大重构吗？ 大重构是一项雄心勃勃的目标，或许过于雄心勃勃，但我们别无选择，唯有全力实现。我们要缓解世界的分裂状况，减少环境污染和破坏，在疫情暴发前的基础上更进一步，建设更加包容、平等和公平的世界。如果我们自暴自弃、无动于衷或无所作为，社会不平等、经济失衡、不公正和环境恶化等问题就会越发严重，世界就会变得更加贫瘠、分化、危险和自私，也会让全球大多数群体难以忍受。毫无作为绝不可行。

尽管如此，世界大重构的前景仍不明朗。有些人会害怕任务艰巨而拒绝参与这一进程，他们希望当前这种紧迫感会消退，形势会很快回到原来的“常态”。这种消极态度的逻辑是：我们以前经历过各种类似的冲击，包括大流行病、经济严重衰退、地缘政治分歧和社会矛盾等，这次同样也能安然度过。社会会重建，经济会重启，生活会照旧！他们同时也坚信，世界状况没那么糟糕，我们只要在外围进行一些修修补补，世界就仍然美好。诚然，今天的世界状况整体来讲比过去有了很大改善。我们必须承认，人类从未身处如此美好的世界。过去几百年中，尤其是近几十年来，衡量人类发展的几乎各项关键指标（比如生活在贫困中或死于冲突的人口数量、人均 GDP、预期寿命或识字率，甚至大流行病导致的死亡人数等）都得到了持续的改善。但这种改善只是“平均水平”的改善，对于感到受排斥（通常确实受到了排斥）的人群来说，这样的数据统计毫无意义。因此，认为当今世界状况胜于以往的观点确实无可厚非，但这也不能作为人们安于现状的借口，从而对各种积重难返的弊病充耳不闻。

乔治·弗洛伊德（2020 年 5 月被警官杀死的非裔美国人）的惨死就生动地描述了这一点。这起事件是倒下的第一块多米诺骨牌，也可以说是最后一根稻草，更是美国历史的一个重大转折点，标志着美国非裔群体长期感受的深度不公情绪终于发展为大规模的游行示威活动。难道说告诉他们“平均”生活已经大有改善就能消解他们心头的怒火吗？当然不会！对于非裔美国人而言，最重要的是他们当前的生活境况，而不是看他们和150多年前（美国于1865年废除了黑奴制，但当时他们的许多祖先还生活在被奴役之中）或50多年前（当时黑人和白人结婚在美国属于违法行为，直到1967年美国所有州才宣布跨种族婚姻合法化）相比生活有了多大的“改善”。在这方面，下列两点和大重构议题息息相关：（1）人类的行动和反应不取决于冷冰冰的统计数据，而是由情感和情绪决定——话语驱动我们的行为；（2）随着人类生活条件的改善，我们的生活水平越高，我们就越渴望更美好、更公平的生活。

从这个意义上讲，2020年6月普遍发生的社会抗议事件表明，我们急需采取行动，推动世界的大重构。从流行病风险（新冠疫情）和社会风险（抗议活动）的关联来看，我们就很容易得出结论：在当今世界，真正重要并决定人类未来的，是风险、问题、挑战和机遇之间的系统性联系。在疫情暴发之初的几个月，公众自然最关注新冠疫情对流行病学和人类健康的影响。而随着疫情持续蔓延，最为严重的问题变成了疫情引发的一系列经济、地缘政治、社会、环境和技术风险，及其对企业和个人造成的持续影响。

毫无疑问，从个人层面来讲，新冠病毒是数百万人及其家庭和社区面临的一场灾难，但在全球层面上，如果从感染人数占世界人口的比例来看，新冠疫情是过去2 000年来人类面临的死亡率最低的大流行病之一。除非这场危机向不可预见的方向发展，否则新冠疫情对健康的影响和造成的死亡人数要远低于以往历次大流行病。截至2020年6月底（彼时新冠疫情仍在拉丁美洲、南亚和美国大部分地区肆虐），新冠疫情导致的死亡人数低于世界总人口的0.006%。如果按照致死率来进行比较，西班牙流感杀死了全世界2.7%的人口，而艾滋病则夺走了全世界0.6%的人口的生命（1981年至今）。多方预测认为，在541年暴发、到750年消失的查士丁尼瘟疫共导致拜占庭帝国近1/3的人口丧生。1347—1351年暴发的黑死病据称杀死了当时30%～40%的欧洲人口。而本次新冠肺炎疫情则不同，它不会威胁到人类的生存，所带来的冲击也不会对未来几十年的世界人口产生持久影响。但是，鉴于本书提及的各种原因，新冠疫情也会带来很多令人担忧的问题；在相互依存的当今世界，各种风险会相互融合，增强各自的影响力并产生更加严重的后果。未来的大多数事情仍未可知，但我们还是能确定下列事实：后疫情时代，各方会重点关注公平问题，从绝大多数人实际收入的停滞不前，到各项社会契约的重塑等。同样，人们对环境问题产生了深刻的担忧，也愈加关心如何部署和治理技术才能造福社会，这些问题都将强势进入政治议程。所有这些问题在新冠疫情暴发之前就已存在，但新冠疫情让这一切一览无遗，并放大了这些问题带来的后果。这些趋势的发展方向没有改变，但在新冠疫情之后，会大大提速。

世界大重构并最终繁荣发展的绝对前提是国家内部和国家之间加强协调与合作。合作是一种“最高级的人类认知能力”，它帮助我们人类走上了独特非凡的进化发展之路。合作可以归纳总结为通过共同行动实现共同目标的“共同意图”。[166] 没有合作，人类寸步难行。后疫情时代，人类的合作会增加还是减少？一个切实的风险在于，未来世界可能会更加分裂，民族主义情绪会更加高涨，各种冲突会更加频繁。本书宏观篇章分析的许多趋势表明，与新冠疫情暴发前相比，未来世界的开放度和协作性都会降低。但另一种情景也并非不可能：各社区展开集体行动，各国之间加强协作，从而更加快速、平稳地摆脱这场新冠疫情危机。随着经济活动的重启，我们就有机会将社会平等和可持续发展理念更好地融入复苏进程，从而推动而不是延缓实现 2030 年可持续发展目标，并开启繁荣兴盛的全新时代。[167] 如何才能实现这样的情景或者提高该情景出现的概率呢？

在新冠疫情面前，人类的各种失败和裂痕一览无遗，这迫使我们加快行动步伐，更新无效的理念、制度、流程和规则，使之更好地适应当前和未来需要。这是世界大重构的本质。世界各国对新冠疫情的共同经历能否帮助我们缓解在危机暴发之初面临的一些问题？疫情封禁措施解除后，社会能否变得更加美好？诺贝尔经济学奖得主阿马蒂亚·森给予了积极的回答，他相信："共同行动的必要性当然会让人们认识到公共行动的建设性作用。"[168]他举例表示，二战让人们意识到了国际合作的重要性，并让英国等国相信更公平地共享食物和医疗（以及最终创造的福利国家）所能产生的好处。《剧变：人类社会与国家危机的转折点》一书的作者贾雷德·戴蒙德持有类似的观点，他希望新冠疫情能促使我们解决共同面临的四项生存威胁：（1）核威胁；（2）气候变化；（3）不可持续地使用森林、渔业、表层土壤和淡水等重要资源；（4）各国民众生活水平存在巨大差异所带来的后果。"虽然听起来有点奇怪，但如果我们能够成功应对新冠疫情，或许我们就有动力去解决那些此前不敢去面对的重大问题。如果新冠疫情最终迫使我们去应对生存威胁，那也算得上是病毒给人类带来的光明一面。在新冠疫情带来的各项后果中，这或许是最严重、最持久的一项，也是我们最大的希望之源。"[169]

这些专家学者的乐观表述也得到了多项调查结果的支持。这些调查表明，我们都渴望变革。英国开展的一项民意调查显示，绝大多数民众希望在经济复苏过程中彻底改变经济发展方式，而只有 1/4 的人表示希望经济发展重回疫情之前的模式。[170]另外还有多项国际调查发现，世界范围内绝大多数民众希望从疫情中复苏的经济能够重视气候变化问题，[171]并支持绿色的经济复苏。[172]世界各地的运动也风起云涌，纷纷要求建设"更美好的未来"，并呼吁建立新的经济制度，摒弃唯GDP论，真正重视人类共同的福祉。

*****

我们正处于十字路口。其中一条路通向更加美好的世界，一个更加包容、公平和敬畏自然的未来世界。另一条路则会带领我们回到原来的世界，各种糟糕的意外风险层出不穷，让人类处于险象环生的境地。因此，我们必须做出正确的选择。这些迫在眉睫的挑战或许超出我们此前的想象，但我们重构世界的能力也远超我们以往的设想。

致　谢

本书作者诚挚感谢玛丽·安妮·马勒雷对书稿内容做出了重要贡献，感谢她用“生花妙笔”，极大优化了整体风格，也衷心感谢希尔德·施瓦布在阅读书稿过程中提出的批判性意见。两位作者感谢“每月晴雨表”的卡米尔·马丁提供了研究支持，感谢法比耶纳·史塔生在非常短的时间内着眼细节，对本书进行了精心编辑。

作者也要感谢世界经济论坛的多位同人，感谢他们提出的真知灼见，感谢他们对本书的阅读、审稿、排版、设计、出版和推广，包括论坛在旧金山、纽约、日内瓦、北京和东京等各办公室的同事，也包括研究经济、社会、科技、公共卫生和公共政策的各位专家学者。特别感谢论坛执行主席办公室的凯利·阿蒙森和彼得·范汉姆。

最后，作者也要感谢论坛在世界各地的相关方提供的反馈，感谢各行各业的人士提出的宝贵意见和建议。这本应时而生、信息丰富的书兼顾了多方观点，阐述了整个人类将在21世纪持续面临的重大公共卫生挑战，同时探寻了解决这些挑战并减少未来影响的多种方法。正是在上述人士的帮助下，我们才得以成就此书。

克劳斯·施瓦布和蒂埃里·马勒雷

2020年7月于瑞士日内瓦

注　释

1. Snowden, Frank, *Epidemics and Society: From the Black Death to the Present*, Yale University Press, 2019.
2. Tuchman, Barbara, *A Distant Mirror – The Calamitous 14th Century*, Random House Trade Paperbacks; Reissue edition, 1987.
3. Solana, Javier, "Our Finest Hour", Project Syndicate, 28 March 2020, https://www.project-syndicate.org/commentary/global-socioeconomic-landscape-after-covid19-pandemic-by-javier-solana-2020-03.
4. Camus, Albert, *The Plague*, Stuart Gilbert translation, Alfred A. Knopf, Inc., 1948, p. 80.
5. Mahbubani, Kishore, *The Great Convergence: Asia, the West, and the Logic of One World*, PublicAffairs, Perseus Books Group, 2013.
6. World Economic Forum, *The Global Risks Report 2020*, Insight Report, 15th Edition, http://www3.weforum.org/docs/WEF_Global_Risk_Report_2020.pdf.

7. Wharton University of Pennsylvania, Risk Management and Decision Processes Center, "The Ostrich Paradox: Why We Underprepare for Disasters", Issue Brief, May 2018, https://riskcenter.wharton.upenn.edu/wp-content/uploads/2019/03/Ostrich-Paradox-issue-brief.pdf.
8. Wagenaar, William A. and Sabato D. Sagaria, "Misperception of exponential growth", *Perception & Psychophysics*, vol. 18, 1975, pp. 416–422, https://link.springer.com/article/10.3758/BF03204114.
9. CDC, "2019-2020 U.S. Flu Season: Preliminary Burden Estimates", https://www.cdc.gov/flu/about/burden/preliminary-in-season-estimates.htm.
10. Johns Hopkins University & Medicine, Coronavirus Resource Center, "COVID-19 Dashboard by the Center for Systems Science and Engineering (CSSE) at Johns Hopkins University (JHU)", 24 June 2020.
11. Simon, Herbert, "The Architecture of Complexity", *Proceedings of the American Philosophical Society,* vol. 106, no. 6, 1962, pp. 467-482.
12. Malleret, Thierry, *Disequilibrium: A World Out of Kilter*, BookBaby, 2012.
13. 与确定的白天鹅事件相反，黑天鹅事件十分罕见、难以预测（非基于概率）且后果严重。直到 17 世纪末荷兰探险家在西澳大利亚发现黑天鹅之前，人们都认为这种天鹅不存在，因此人们将这类事件称为“黑天鹅”事件。
14. Webb, Richard, "Quantum physics", *New Scientist*, n.d., https://www.newscientist.com/term/quantum-physics/#.
15. Project Gutenberg, "A Journal of the Plague Year by Daniel Defoe", http://www.gutenberg.org/ebooks/376.
16. Jordison, Sam, "Defoe's Plague Year was written in 1722 but speaks clearly

to our time", *The Guardian*, 5 May 2020, https://www.theguardian.com/books/booksblog/2020/may/05/defoe-a-journal-of-the-plague-year-1722-our-time.

17. Schama, Simon, "Plague time: Simon Schama on what history tells us", *Financial Times*, 10 April 2020, https://www.ft.com/content/279dee4a-740b-11ea-95fe-fcd274e920ca.
18. Jordà, Òscar, Sanjay R. Singh and Alan M. Taylor, "Longer-Run Economic Consequences of Pandemics", Federal Reserve Bank of San Francisco, Working Paper 2020-09, 2020, https://www.frbsf.org/economic-research/files/wp2020-09.pdf.
19. Bloomberg, "Coronavirus Is Likely to Become a Seasonal Infection Like the Flu, Top Chinese Scientists Warn", *Time*, 28 April 2020, https://time.com/5828325/coronavirus-covid19-seasonal-asymptomatic-carriers.
20. Kristof, Nicholas, "Let's Remember That the Coronavirus Is Still a Mystery", *The New York Times*, 20 May 2020, https://www.nytimes.com/2020/05/20/opinion/us-coronavirus-reopening.html.
21. Draulans, Dirk, "'Finally, a virus got me.' Scientist who fought Ebola and HIV reflects on facing death from COVID-19", *Science*, 8 May 2020, https://www.sciencemag.org/news/2020/05/finally-virus-got-me-scientist-who-fought-ebola-and-hiv-reflects-facing-death-covid-19#.
22. Moore, Kristine, et al., *COVID-19: The CIDRAP Viewpoint*, Center for Infectious Disease Research and Policy (CIDRAP), 2020, https://www.cidrap.umn.edu/sites/default/files/public/downloads/cidrap-covid19-viewpoint-part1_0.pdf.

23. Cherukupalli, Rajeev and Tom Frieden, "Only Saving Lives Will Save Livelihoods", *Foreign Affairs*, 13 May 2020, https://www.foreignaffairs.com/articles/united-states/2020-05-13/only-saving-lives-will-save-livelihoods.
24. Badger, Emily and Alicia Parlapiano, "Government Orders Alone Didn't Close the Economy. They Probably Can't Reopen It", *The New York Times*, 9 May 2020 update, https://www.nytimes.com/2020/05/07/upshot/pandemic-economy-government-orders.html.
25. Wighton, Kate, "Lockdown and school closures in Europe may have prevented 3.1m deaths", Imperial College London, 8 June 2020, https://www.imperial.ac.uk/news/198074/lockdown-school-closures-europe-have-prevented.
26. Hsiang, Solomon, et al., "The effect of large-scale anti-contagion policies on the COVID-19 pandemic", *Nature*, 8 June 2020, https://www.nature.com/articles/s41586-020-2404-8.
27. Goodman, Peter S., " Why the Global Recession Could Last a Long Time", *The New York Times*, 1 April 2020, https://www.nytimes.com/2020/04/01/business/economy/coronavirus-recession.html.
28. Organisation for Economic Cooperation and Development (OECD), "Evaluating the initial impact of COVID-19 containment measures on economic activity", 10 June 2020, https://read.oecd-ilibrary.org/view/?ref=126_126496-evgsi2gmqj& title=Evaluating_the_initial_impact_of_COVID-19_containment_measures_on_economic_activity.
29. CPB Netherlands Bureau for Economic Policy Analysis, "Scenarios economic consequences corona crisis", CPB Scenarios, March 2020, https://www.cpb.

nl/sites/default/files/omnidownload/CPB-Scenarios-March-2020-Scenarios-economic-consequences-corona-crisis.pdf.

30. International Monetary Fund, "World Economic Outlook Update", June 2020, https://www.imf.org/en/Publications/WEO/Issues/2020/06/24/WEOUpdateJune2020.

31. Politi, James, "What to know about America's newly unemployed", *Financial Times*, 21 May 2020, https://www.ft.com/content/5924441b-1cb6-4fbd-891b-0afb07e163d7.

32. Frey, Carl Benedikt, "Covid-19 will only increase automation anxiety", *Financial Times*, 21 April 2020, https://www.ft.com/content/817228a2-82e1-11ea-b6e9-a94cffd 1d9bf.

33. Jaimovich, Nir and Henry E. Siu, "Job Polarization and Jobless Recoveries", National Bureau of Economic Research (NBER), Working Paper 18334, November 2018 revision, https://www.nber.org/papers/w18334.pdf.

34. Coyle, Diane and Benjamin Mitra-Khan, "Making the Future Count", mimeo, 2017.

35. Boffey, Daniel, "Amsterdam to embrace 'doughnut' model to mend post-coronavirus economy", *The Guardian*, 8 April 2020, https://www.theguardian.com/world/2020/apr/08/amsterdam-doughnut-model-mend-post-coronavirus-economy.

36. Banerjee, Abhijit V. and Esther Duflo, *Good Economics for Hard Times*, PublicAffairs, 2019.

37. Ibid.

38. Commission on Growth and Development, *The Growth Report: Strategies for*

Sustained Growth and Inclusive Development, World Bank, 2008; Hallward-Driemeier, Mary and Gaurav Nayyar, *Trouble in the Making? The Future of Manufacturing-Led Development*, World Bank Group, 2018.

39. Ellen MacArthur Foundation, "What is a circular economy?", 2017, https://www.ellenmacarthurfoundation.org/circular-economy/concept.
40. As proven by the Platform for Accelerating the Circular Economy (PACE), see https://pacecircular.org.
41. International Trade Union Confederation (ITCU), "Investing in the Care Economy: A Pathway to Growth", 8 March 2016, https://www.ituc-csi.org/investing-in-the-care-economy-a.
42. Cassidy, John, "Can We Have Prosperity Without Growth?", *The New Yorker*, 3 February 2020, https://www.newyorker.com/magazine/2020/02/10/can-we-have-prosperity-without-growth.
43. Degrowth, "Degrowth: New Roots for the Economy", 2020, https://www.degrowth.info/en/open-letter.
44. McAfee, Andrew, *More from Less*, Simon & Schuster, Inc., 2019.
45. Blanchard, Olivier, "Designing the fiscal response to the COVID-19 pandemic", Peterson Institute for International Economics (PIIE), Briefing 20-1, 8 April 2020.
46. Reinhart, Carmen M. and Kenneth Rogoff, "The Coronavirus Debt Threat", *The Wall Street Journal*, 26 March 2020, https://www.wsj.com/articles/the-coronavirus-debt-threat-11585262515.
47. Reinhart, Carmen M., "This Time Truly Is Different", Project Syndicate, 23 March 2020, https://www.project-syndicate.org/commentary/covid19-crisis-

has-no-economic-precedent-by-carmen-reinhart-2020-03.

48. Saez, Emmanuel and Gabriel Zucman, "Keeping Business Alive: The Government Will Pay", 16 March 2020 revision, http://gabriel-zucman.eu/files/coronavirus2.pdf.

49. Effective deep negative interest rates would have to be supported with measures to prevent financial firms from hoarding cash, see Rogoff, Kenneth, "The Case for Deeply Negative Interest Rates", Project Syndicate, 4 May 2020, https://www.project-syndicate.org/commentary/advanced-economies-need-deeply-negative-interest-rates-by-kenneth-rogoff-2020-05.

50. Blanchard, Olivier, "Is there deflation or inflation in our future?", VOX, 24 April 2020, https://voxeu.org/article/there-deflation-or-inflation-our-future.

51. Sharma, Ruchir, "Elizabeth Warren and Donald Trump Are Wrong About the Same Thing", *The New York Times*, 24 June 2019, https://www.nytimes.com/2019/06/24/opinion/elizabeth-warren-donald-trump-dollar-devalue.html.

52. Kumar, Aditi and Eric Rosenbach, "Could China's Digital Currency Unseat the Dollar?", *Foreign Affairs*, 20 May 2020, https://www.foreignaffairs.com/articles/china/2020-05-20/could-chinas-digital-currency-unseat-dollar.

53. Paulson Jr., Henry M., "The Future of the Dollar", *Foreign Affairs*, 19 May 2020, https://www.foreignaffairs.com/articles/2020-05-19/future-dollar.

54. Eichengreen, Barry, Arnaud Mehl and Livia Chiţu, "Mars or Mercury? The geopolitics of international currency choice", VOX, 2 January 2018, https://voxeu.org/article/geopolitics-international-currency-choice.

55. Kissinger, Henry A., "The Coronavirus Pandemic Will Forever Alter the World Order", *The Wall Street Journal*, 3 April 2020, https://www.wsj.

com/articles/the-coronavirus-pandemic-will-forever-alter-the-world-order-11585953005.

56. The expression has been used, and also debunked, repeatedly. For a specific example, see Jones, Owen, "Coronavirus is not some great leveller: it is exacerbating inequality right now", *The Guardian*, 9 April 2020, https://www.theguardian.com/commentisfree/2020/apr/09/coronavirus-inequality-managers-zoom-cleaners-offices.
57. El-Erian, Mohamed A. and Michael Spence, "The Great Unequalizer", *Foreign Affairs*, 1 June 2020, https://www.foreignaffairs.com/articles/united-states/2020-06-01/great-unequalizer.
58. Dingel, Jonathan I. and Brent Neiman, "How Many Jobs Can be Done at Home?", Becker Friedman institute, White Paper, June 2020, https://bfi.uchicago.edu/wp-content/uploads/BFI_White-Paper_Dingel_Neiman_3.2020.pdf.
59. Deaton, Angus, "We may not all be equal in the eyes of coronavirus", *Financial Times*, 5 April 2020, https://www.ft.com/content/0c8bbe82-6dff-11ea-89df-41bea055 720b.
60. Milanovic, Branko, "The Real Pandemic Danger Is Social Collapse", *Foreign Affairs*, 19 March 2020, https://www.foreignaffairs.com/articles/2020-03-19/real-pandemic-danger-social-collapse.
61. According to the Global Protest Tracker of the Carnegie Endowment for International Peace, https://carnegieendowment.org/publications/interactive/protest-tracker.
62. Milne, Richard, "Coronavirus 'medicine' could trigger social breakdown",

Financial Times, 26 March 2020, https://www.ft.com/content/3b8ec9fe-6eb8-11ea-89df-41bea055720b.

63. Long, Heather and Andrew Van Dam, "The black-white economic divide is as wide as it was in 1968", *The Washington Post*, 4 June 2020, https://www.washingtonpost.com/business/2020/06/04/economic-divide-black-households.

64. McAdam, Doug, "Recruitment to High-Risk Activism: The Case of Freedom Summer", *American Journal of Sociology*,vol. 92, no. 1, July 1986, pp. 64-90, https://www.jstor.org/stable/2779717?seq=1.

65. Micklethwait, John and Adrian Wooldridge, "The Virus Should Wake Up the West", Bloomberg, 13 April 2020, https://www.bloomberg.com/opinion/articles/2020-04-13/coronavirus-pandemic-is-wake-up-call-to-reinvent-the-state.

66. Knoeller, Herman, "The Power to Tax", *Marquette Law Review*, vol. 22, no. 3, April 1938.

67. Murphy, Richard, "Tax and coronavirus: a tax justice perspective", Tax Research UK, 24 March 2020, https://www.taxresearch.org.uk/Blog/2020/03/24/tax-and-coronavirus-a-tax-justice-perspective.

68. Mazzucato, Mariana, "The Covid-19 crisis is a chance to do capitalism differently", *The Guardian*, 18 March 2020, https://www.theguardian.com/commentisfree/2020/mar/18/the-covid-19-crisis-is-a-chance-to-do-capitalism-differently.

69. Stiglitz, Joseph E., "A Lasting Remedy for the Covid-19 Pandemic's Economic Crisis", *The New York Review of Books*, 8 April 2020, https://

www.nybooks.com/daily/2020/04/08/a-lasting-remedy-for-the-covid-19-pandemics-economic-crisis.

70. This is shown in particular in the annual Edelman Trust Barometer, https://www.edelman.com/trustbarometer.

71. Two prominent examples emanate from the International Panel on Social Progress, *Rethinking Society for the 21st Century*, 2018, https://www.cambridge.org/gb/academic/subjects/politics-international-relations/political-economy/rethinking-society-21st-century-report-international-panel-social-progress, and the World Bank, *Toward a New Social Contract*, 2019, https://openknowledge.worldbank.org/bitstream/handle/10986/30393/9781464813535.pdf.

72. Kissinger, Henry A., "The Coronavirus Pandemic Will Forever Alter the World Order", *The Wall Street Journal*, 3 April 2020, https://www.wsj.com/articles/the-coronavirus-pandemic-will-forever-alter-the-world-order-11585953005.

73. Hu, Katherine, "'I Just Don't Think We Have the Luxury to Have Dreams Anymore'", *The New York Times*, 24 March 2020, https://www.nytimes.com/2020/03/ 24/opinion/coronavirus-recession-gen-z.html.

74. McNulty, Jennifer, "Youth activism is on the rise around the globe, and adults should pay attention, says author", UC Santa Cruz, 17 September 2019, https://news.ucsc.edu/2019/09/taft-youth.html.

75. As an example, in September 2019, more than 4 million young people demonstrated simultaneously in 150 countries to demand urgent action on climate change; see Sengupta, Somini, "Protesting Climate Change, Young

People Take to Streets in a Global Strike", *The New York Times*, 20 September 2019, https://www.nytimes.com/2019/09/20/climate/global-climate-strike.html.

76. For a discussion of current forms of nationalism, see Wimmer, Andreas, "Why Nationalism Works", *Foreign Affairs*, March/April 2019, https://www.foreignaffairs.com/articles/world/2019-02-12/why-nationalism-works.

77. Rudd, Kevin, "The Coming Post-COVID Anarchy", *Foreign Affairs*, 6 May 2020, https://www.foreignaffairs.com/articles/united-states/2020-05-06/coming-post-covid-anarchy.

78. Rodrik, Dani, *The Globalization Paradox*, Oxford University Press, 2012.

79. Pastor, Lubos and Pietro Veronesi, "A rational backlash against globalisation", VOX, 28 September 2018, https://voxeu.org/article/rational-backlash-against-globalisation.

80. Huang, Yanzhong, "U.S. Dependence on Pharmaceutical Products from China", Council on Foreign Relations, Blog post, 14 August 2019, https://www.cfr.org/blog/us-dependence-pharmaceutical-products-china.

81. Khanna, Parag, "Post-pandemic: welcome to the multi-speed world of regional disparities", *Global Geneva*, 26 April 2020, https://www.global-geneva.com/post-pandemic-welcome-to-the-multi-speed-world-of-regional-disparities.

82. Global Business Alliance, "Inbound Investment Survey", May 2020, https://globalbusiness.org/dmfile/Global BusinessAlliance_Inbound Investment Survey Findings_May2020.pdf.

83. Paulson, Henry, "Save globalisation to secure the future", *Financial Times*,

17 April 2020, https://www.ft.com/content/da1f38dc-7fbc-11ea-b0fb-13524ae1056b.

84. United Nations, Department of Economic and Social Affairs (DESA), Committee for Development Policy, "Global governance and global rules for development in the post-2015 era", Policy Note, 2014, https://www.un.org/en/development/desa/policy/cdp/cdp_publications/2014cdppolicynote.pdf.
85. Subramanian, Arvind, "The Threat of Enfeebled Great Powers", Project Syndicate, 6 May 2020, https://www.project-syndicate.org/commentary/covid19-will-weaken-united-states-china-and-europe-by-arvind-subramanian-2020-05.
86. Fukuyama, Francis, *Political Order and Political Decay: From the Industrial Revolution to the Globalization of Democracy*, Farrar, Straus and Giroux, 2014.
87. Shivshankar Menon, a former Indian national security adviser, quoted in Crabtree, James, "How coronavirus exposed the collapse of global leadership", *Nikkei Asian Review*, 15 April 2020, https://asia.nikkei.com/Spotlight/Cover-Story/How-coronavirus-exposed-the-collapse-of-global-leadership.
88. Cabestan, Jean-Pierre, "China's Battle with Coronavirus: Possible Geopolitical Gains and Real Challenges", Aljazeera Centre for Studies, 19 April 2020, https://studies.aljazeera.net/en/reports/china%E2%80%99s-battle-coronavirus-possible-geopolitical-gains-and-real-challenges.
89. Anderlini, Jamil, "Why China is losing the coronavirus narrative", *Financial Times*, 19 April 2020, https://www.ft.com/content/8d7842fa-8082-11ea-82f6-

150830b3b99a.

90. Kynge, James, Katrina Manson and James Politi, "US and China: edging towards a new type of cold war?", *Financial Times*, 8 May 2020, https://www.ft.com/content/fe59abf8-cbb8-4931-b224-56030586fb9a.

91. Lee Hsien Loong, "The Endangered Asian Century", *Foreign Affairs*, July/August 2020, https://www.foreignaffairs.com/articles/asia/2020-06-04/lee-hsien-loong-endangered-asian-century.

92. Fedrizzi, Alessandro and Massimiliano Proietti, "Quantum physics: our study suggests objective reality doesn't exist", *The Conversation*, 14 November 2019, https://theconversation.com/quantum-physics-our-study-suggests-objective-reality-doesnt-exist-126805.

93. Jiaming, Li, "Every move to stigmatize China evokes our historical memory", *Global Times*, 19 April 2020, https://www.globaltimes.cn/content/1186037.shtml.

94. Bill of Rights Institute, "Founding Principles and Virtues", n.d., https://billofrightsinstitute.org/founding-documents/founding-principles.

95. Nye Jr, Joseph S., "No, the Coronavirus Will Not Change the Global Order", *Foreign Policy*,16 April 2020, https://foreignpolicy.com/2020/04/16/coronavirus-pandemic-china-united-states-power-competition.

96. Mahbubani's latest book, *Has China Won? The Chinese Challenge to American Primacy*, PublicAffairs, came out in March 2020, in the midst of the health crisis.

97. Mahbubani, Kishore, "How China could win over the post-coronavirus world and leave the U.S. behind", MarketWatch, 18 April 14, 2020, https://www.

marketwatch.com/story/how-china-could-win-over-the-post-coronavirus-world-and-leave-the-us-behind-2020-04-14.

98. Sharma, Ruchir, "The Comeback Nation", *Foreign Affairs*, May/June 2020, https://www.foreignaffairs.com/articles/united-states/2020-03-31/comeback-nation.

99. This is the subtitle of the article by Kevin Rudd already quoted: "The Coming Post-COVID Anarchy: The Pandemic Bodes Ill for Both American and Chinese Power – and for the Global Order", https://www.foreignaffairs.com/articles/united-states/2020- 05-06/coming-post-covid-anarchy. All quotes in the paragraph are from this article.

100. Miyamoto, Takenori, "Interview: US is a mess but China isn't the solution: Niall Ferguson", *Nikkei Asian Review*, 21 May 2020, https://asia.nikkei.com/Editor-s-Picks/Interview/US-is-a-mess-but-China-isn-t-the-solution-Niall-Ferguson.

101. Signé, Landry, "A new approach is needed to defeat COVID-19 and fix fragile states", Brookings, 21 April 2020, https://www.brookings.edu/blog/future-development/2020/04/21/a-new-approach-is-needed-to-defeat-covid-19-and-fix-fragile-states.

102. As reported in *Monthly Barometer*, June 2020.

103. Miller, Adam, "Call unanswered: A review of responses to the UN appeal for a global ceasefire", Armed Conflict Location & Event Data Project (ACLED), 13 May 2020, https://acleddata.com/2020/05/13/call-unanswered-un-appeal.

104. Quammen, David, "We Made the Coronavirus Epidemic", *The New York Times*, 28 January 2020, https://www.nytimes.com/2020/01/28/opinion/

coronavirus-china.html.

105. "Coronavirus and Wildlife Letter: Stimulus Package", 24 March 2020, https://www.documentcloud.org/documents/6819003-CoronavirusWildlifeLetterStimulusPackage.html.

106. World Economic Forum, "COVID-19 – Food/Nature/Climate", Internal document, May 2020.

107. Cui, Yan, et al., "Air pollution and case fatality of SARS in the People's Republic of China: an ecologic study", *Environmental Health*, vol. 2, no. 15, 2003, https://ehjournal.biomedcentral.com/articles/10.1186/1476-069X-2-15.

108. Friedman, Lisa, "New Research Links Air Pollution to Higher Coronavirus Death Rates", *The New York Times*, 7 April 2020, https://www.nytimes.com/2020/04/07/climate/air-pollution-coronavirus-covid.html. The scientific article published by researchers from Harvard University is by Wu, Xiao, et al., "Exposure to air pollution and COVID-19 mortality in the United States: A nationwide cross-sectional study", Harvard T.H. Chan School of Public Health, 24 April 2020 update, https://projects.iq.harvard.edu/covid-pm.

109. International Energy Agency (IEA), *Global Energy Review 2020*, April 2020, https://www.iea.org/reports/global-energy-review-2020.

110. United Nations Environment Programme (UNEP), *Emissions Gap Report 2019*, 2019, https://www.unenvironment.org/interactive/emissions-gap-report/2019.

111. S&P Global and RobecoSAM, *The Sustainability Yearbook 2020*, 2020, https://www.robeco.com/docm/docu-robecosam-sustainability-yearbook-2020.pdf.

112. International Energy Agency (IEA), "How clean energy transitions can help

kick-start economies", 23 April 2020, https://www.iea.org/commentaries/how-clean-energy-transitions-can-help-kick-start-economies.

113. Hook, Leslie and Aleksandra Wisniewska, "How coronavirus stalled climate change momentum", *Financial Times*, 14 April 2020, https://www.ft.com/content/052923d2-78c2-11ea-af44-daa3def9ae03.

114. Chenoweth, Erica, et al., "The global pandemic has spawned new forms of activism–and they're flourishing", *The Guardian*, 20 April 2020, https://www.theguardian.com/commentisfree/2020/apr/20/the-global-pandemic-has-spawned-new-forms-of-activism-and-theyre-flourishing.

115. KSTP, "BP takes $17.5B hit as pandemic accelerates emissions cuts", 15 June 2020, https://kstp.com/business/bp-takes-over-17-billion-dollar-hit-as-coronavirus-pandemic-accelerates-emissions-cuts/5760005/; Hurst, Laura, "Supermajors find obstacles, and opportunities, as pandemic drags on", World Oil, 16 June 2020, https://www.worldoil.com/news/2020/6/16/supermajors-find-obstacles-and-opportunities-as-pandemic-drags-on.

116. European Commission, "A European Green Deal", https://ec.europa.eu/info/strategy/priorities-2019-2024/european-green-deal_en.

117. Gray, Emily and Chris Jackson, "Two thirds of citizens around the world agree climate change is as serious a crisis as Coronavirus", Ipsos, 22 April 2020,https://www.ipsos.com/en/two-thirds-citizens-around-world-agree-climate-change-serious-crisis-coronavirus.

118. World Economic Forum, *COVID-19 Risks Outlook: A Preliminary Mapping and Its Implications*, Insight Report, May 2020, http://www3.weforum.org/docs/WEF_COVID_19_Risks_Outlook_Special_Edition_Pages.pdf.

119. Se-jeong, Kim, "Seoul City to implement 'Green New Deal' to mitigate pandemic fallout", *The Korea Times*, 4 June 2020 update, https://www.koreatimes.co.kr/www/nation/2020/06/281_290628.html.

120. Systemiq and World Economic Forum, "Building a Nature-Positive Future – Recommendations for Policy-makers to Reset the Economy through the Power of Natural Capital", July 2020.

121. Klaus Schwab, *The Fourth Industrial Revolution*, World Economic Forum, 2016, p. 9.

122. Both quoted in Waters, Richard, "Lockdown has brought the digital future forward – but will we slip back?", *Financial Times*, 1 May 2020, https://www.ft.com/content/f1bf5ba5-1029-4252-9150-b4440478a2e7.

123. Frey, Carl Benedikt and Michael A. Osborne, "The future of employment: How susceptible are jobs to computerisation?", *Technological Forecasting and Social Change*, vol. 114, January 2017, pp. 254-280, https://www.sciencedirect.com/science/article/pii/S0040162516302244.

124. Heric, Michael, et al., "Intelligent Automation: Getting Employees to Embrace the Bots", Bain & Company, 8 April 2020, https://www.bain.com/insights/intelligent-automation-getting-employees-embrace-bots.

125. Chotiner, Isaac, "The Coronavirus and the Future of Big Tech", *The New Yorker*, 29 April 2020, https://www.newyorker.com/news/q-and-a/the-coronavirus-and-the-future-of-big-tech.

126. Holmes, Oliver, et al., "Coronavirus mass surveillance could be here to stay, experts say", *The Guardian*, 18 June 2020, https://www.theguardian.com/world/2020/jun/18/coronavirus-mass-surveillance-could-be-here-to-stay-

tracking.

127. Harari, Yuval Noah, "The world after coronavirus", *Financial Times*, 20 March 2020, https://www.ft.com/content/19d90308-6858-11ea-a3c9-1fe6fedcca75.

128. Ibid.

129. Morozov, Evgeny, "The tech 'solutions' for coronavirus take the surveillance state to the next level", *The Guardian*, 25 April 2020, https://www.theguardian.com/commentisfree/2020/apr/15/tech-coronavirus-surveilance-state-digital-disrupt.

130. Thornhill, John, "How Covid-19 is accelerating the shift from transport to teleport", *Financial Times*, 30 March 2020, https://www.ft.com/content/050ea832-7268-11ea-95fe-fcd274e920ca.

131. Sneader, Kevin and Shubham Singhal, "From thinking about the next normal to making it work: What to stop, start, and accelerate", McKinsey & Company, 15 May 2020, https://www.mckinsey.com/featured-insights/leadership/from-thinking-about-the-next-normal-to-making-it-work-what-to-stop-start-and-accelerate#.

132. This anecdote appears in the article by Kulish, Nicholas, et al., "The U.S. Tried to Build a New Fleet of Ventilators. The Mission Failed", *The New York Times*, 20 April 2020 update, https://www.nytimes.com/2020/03/29/business/coronavirus-us-ventilator-shortage.html.

133. BlackRock, *Sustainable investing: resilience amid uncertainty*, 2020, https://www.blackrock.com/corporate/literature/investor-education/sustainable-investing-resilience.pdf.

134. Tett, Gillian, "Business faces stern test on ESG amid calls to 'build back better'", *Financial Times*, 18 May 2020, https://www.ft.com/content/e97803b6-8eb4-11ea-af59-5283fc4c0cb0.

135. Strine, Leo and Dorothy Lund, "How to restore strength and fairness to our economy"reproduced in "How Business Should Change After the Coronavirus Crisis" , *The New York Times*, 10 April 2020, https://www.nytimes.com/2020/04/10/business/dealbook/coronavirus-corporate-governance.html.

136. Schwab, Klaus, "Covid-19 is a litmus test for stakeholder capitalism", *Financial Times*, 25 March 2020, https://www.ft.com/content/234d8fd6-6e29-11ea-89df-41bea055720b.

137. Merchant, Brian, "Google Says It Will Not Build Custom A.I. for Oil and Gas Extraction", OneZero, 19 May 2020, https://onezero.medium.com/google-says-it-will-not-build-custom-a-i-for-oil-and-gas-extraction-72d1f71f42c8.

138. Baird-Remba, Rebecca, "How the Pandemic Is Driving Labor Activism Among Essential Workers", Commercial Observer, 11 May 2020, https://commercialobserver.com/2020/05/how-the-pandemic-is-driving-labor-activism-among-essential-workers.

139. Hamilton, Gabrielle, "My Restaurant Was My Life for 20 Years. Does the World Need It Anymore?", *The New York Times Magazine*, 26 April 2020 update, https://www.nytimes.com/2020/04/23/magazine/closing-prune-restaurant-covid.html.

140. Taparia, Hans, "The Future of College Is Online, and It's Cheaper", *The New York Times*, 25 May 2020, https://www.nytimes.com/2020/05/25/opinion/

online-college-coronavirus.html.

141. Hess, Amanda, "Celebrity Culture Is Burning", *The New York Times*, 30 March 2020, https://www.nytimes.com/2020/03/30/arts/virus-celebrities.html.

142. Barry, John, *The Great Influenza: The Story of the Deadliest Pandemic in History*, Penguin Books, 2005.

143. Kruglanski, Arie, "3 ways the coronavirus pandemic is changing who we are", *The Conversation*, 20 March 2020, https://theconversation.com/3-ways-the-coronavirus-pandemic-is-changing-who-we-are-133876.

144. Pamuk, Orhan, "What the Great Pandemic Novels Teach Us", *The New York Times*, 23 April 2020, https://www.nytimes.com/2020/04/23/opinion/sunday/coronavirus-orhan-pamuk.html.

145. Case, Anne and Angus Deaton, *Deaths of Despair and the Future of Capitalism*, Princeton University Press, 2020, https://press.princeton.edu/books/hardcover/9780 691190785/deaths-of-despair-and-the-future-of-capitalism.

146. Friedman, Thomas L., "Finding the 'Common Good' in a Pandemic", *The New York Times*, 24 March 2020, https://www.nytimes.com/2020/03/24/opinion/covid-ethics-politics.html.

147. Facebook, "Knowledge Capsules: Lockdown or no lockdown", 26 April 2020, https://m.facebook.com/KnowledgeCapsules1/posts/2374859852804537.

148. Bazelon, Emily, "Restarting America Means People Will Die. So When Do We Do It?", *The New York Times Magazine*, 10 April 2020, https://www.nytimes.com/2020/ 04/10/magazine/coronavirus-economy-debate.html.

149. Twenge, Jean, "New study shows staggering effect of coronavirus pandemic on America's mental health", *The Conversation*, 7 May 2020, https://theconversation.com/new-study-shows-staggering-effect-of-coronavirus-pandemic-on-americas-mental-health-137944.

150. Tucci, Veronica and Nidal Moukaddam, "We are the hollow men: The worldwide epidemic of mental illness, psychiatric and behavioral emergencies, and its impact on patients and providers", *Journal of Emergencies, Trauma, and Shock*, vol. 10, no. 1, 2017, pp. 4-6, https://www.ncbi.nlm.nih.gov/pmc/articles/PMC5316796.

151. Health and Safety Executive (HSE), "Work related stress depression or anxietystatistics in Great Britain, 2018", Annual Statistics, 31 October 2018, http://greeningconsultants.co.uk/wp-content/uploads/2019/03/HSE-Stats-2018.pdf.

152. Bechtel, Robert B. and Amy Berning, "The Third-Quarter Phenomenon: Do People Experience Discomfort After Stress Has Passed?", in A.A. Harrison, Y.A. Clearwater and C.P. McKay (eds), *From Antarctica to Outer Space*, Springer, 1991, https://link.springer.com/chapter/10.1007/978-1-4612-3012-0_24.

153. Brooks, Samantha K., et al., "The psychological impact of quarantine and how to reduce it: rapid review of the evidence", *The Lancet*, vol. 395, no. 10227, 14-20 March 2020, pp. 912-920, https://www.sciencedirect.com/science/article/pii/S01406 73620304608.

154. Campbell, Denis, "UK lockdown causing 'serious mental illness in first-time patients'", *The Guardian*, 15 May 2020, https://amp-theguardian-com.cdn.ampproject.org/c/s/amp.theguardian.com/society/2020/may/16/uk-lockdown-

causing-serious-mental-illness-in-first-time-patients.

155. United Nations Population Fund (UNFPA), “Impact of the COVID-19 Pandemic on Family Planning and Ending Gender-based Violence, Female Genital Mutilation and Child Marriage”, Interim Technical Note, 27 April 2020, https://www.unfpa.org/sites/default/files/resource-pdf/COVID-19_impact_brief_for_UNFPA_24_April_2020_1.pdf.

156. Layard, Richard, “A New Priority for Mental Health”, Paper EA035, Centre for Economic Performance, London School of Economics and Political Science, May 2015, http://cep.lse.ac.uk/pubs/download/ea035.pdf.

157. Falk, Dan, “Must We All Become More Creative because of the Pandemic?”, *Scientific American*, 29 March 2020, https://blogs.scientificamerican.com/observations/must-we-all-become-more-creative-because-of-the-pandemic.

158. Pollack-Pelzner, Daniel, “Shakespeare Wrote His Best Works During a Plague”, *The Atlantic*, 14 March 2020, https://www.theatlantic.com/culture/archive/2020/03/broadway-shutdown-could-be-good-theater-coronavirus/607993.

159. Freedland, Jonathan, “Adjust your clocks: lockdown is bending time completely out of shape”, *The Guardian*, 24 April 2020, https://www.theguardian.com/commentisfree/2020/apr/24/lockdown-time-coronavirus-prisoners.

160. Whillans, Ashley, “Time for Happiness”, *Harvard Business Review*, January 2019, https://hbr.org/cover-story/2019/01/time-for-happiness.

161. Helliwell, John F., Richard Layard,Jeffrey Sachs and Jan-Emmanuel De Neve (eds), *World Happiness Report 2020*, SustainableDevelopment Solutions

Network, 2020, https://happiness-report.s3.amazonaws.com/2020/WHR20.pdf.

162. This research is summed up in Jones, Lucy, *Losing Eden: Why Our Minds Need the Wild*, Allen Lane, 2020.

163. Im, Su Geun, et al., "Comparison of Effect of Two-Hour Exposure to Forest and Urban Environments on Cytokine, Anti-Oxidant, and Stress Levels in Young Adults", *International Journal of Environmental Research and Public Health*,vol. 13, no. 7, 2016, https://www.ncbi.nlm.nih.gov/pmc/articles/PMC4962166.

164. Nieman, David C. and Laurel M.Wentz, "The compelling link between physical activity and the body's defense system", *Journal of Sport and Health Science*, vol. 8, No. 3, 2019, pp. 201-217, https://www.sciencedirect.com/science/article/pii/S2095254 618301005.

165. Klaus Schwab on 3 March 2020; see also World Economic Forum, "The Great Reset", 3 June 2020, https://www.facebook.com/worldeconomicforum/videos/189569 908956561.

166. McGowan, Kat, "Cooperation Is What Makes Us Human", *Nautilus*, 29 April 2013, http://nautil.us/issue/1/what-makes-you-so-special/cooperation-is-what-makes-us-human.

167. Cleary, Seán, "Rebuild after the crisis on three pillars: Equity, security and sustainability", G20 Insights, Policy Brief, 29 May 2020, https://www.g20-insights.org/policy_briefs/rebuild-after-the-crisis-on-three-pillars-equity-security-and-sustainability.

168. Sen, Amartya,"A better society can emerge from the lockdowns", *Financial*

Times, 15 April 2020, https://www.ft.com/content/5b41ffc2-7e5e-11ea-b0fb-13524ae1056b.

169. Diamond, Jared, “Lessons from a pandemic”, *Financial Times*, 27 May 2020, https://www.ft.com/content/71ed9f88-9f5b-11ea-b65d-489c67b0d85d.

170. Harvey, Fiona, “Britons want quality of life indicators to take priority over economy”, *The Guardian*, 10 May 2020, https://www.theguardian.com/society/2020/may/10/britons-want-quality-of-life-indicators-priority-over-economy-coronavirus.

171. Gray,Emily and Chris Jackson, “Two thirds of citizens around the world agree climate change is as serious a crisis as Coronavirus”, Ipsos, 22 April 2020, https://www.ipsos.com/en/two-thirds-citizens-around-world-agree-climate-change-serious-crisis-coron-avirus.

172. World Economic Forum, *COVID-19 Risks Outlook: A Preliminary Mapping and Its Implications*, Insight Report, May 2020, http://www3.weforum.org/docs/WEF_COVID_19_Risks_Outlook_Special_Edition_Pages.pdf.